PAUL BURIAN

Der Einfluß der deutschen Naturrechtslehre auf die Entwicklung der Tatbestandsdefinition im Strafgesetz

NEUE KÖLNER RECHTSWISSENSCHAFTLICHE ABHANDLUNGEN

HERAUSGEGEBEN VON

DER RECHTSWISSENSCHAFTLICHEN FAKULTÄT DER UNIVERSITÄT ZU KÖLN

HEFT 62

Berlin 1970

WALTER DE GRUYTER & CO.

vormals G. J. Göschen'sche Verlagshandlung · J. Guttentag, Verlagsbuchhandlung
Georg Reimer · Karl J. Trübner · Veit & Comp.

Der Einfluß der deutschen Naturrechtslehre auf die Entwicklung der Tatbestandsdefinition im Strafgesetz

von

Paul Burian

Berlin 1970

WALTER DE GRUYTER & CO.

vormals G. J. Göschen'sche Verlagshandlung · J. Guttentag, Verlagsbuchhandlung
Georg Reimer · Karl J. Trübner · Veit & Comp.

Archiv-Nr. 27 08 706

Satz und Druck: Saladruck, Berlin 36

VORWORT

Diese Arbeit soll ein Beitrag sein zur Erforschung jener Wirkungen, die von den deutschen Naturrechtslehrern des 17. und 18. Jahrhunderts auf das Strafrecht ausgeübt wurden. Sie entstand auf Anregung von Herrn Professor Dr. Oehler, der sie durch seine Hilfe und seinen Rat betreut hat; ihm vor allem bin ich zu Dank verpflichtet.

Die Arbeit wäre aber auch nicht möglich gewesen ohne die verständnisvolle Unterstützung, die ich in der Kölner Universitäts- und Stadtbibliothek gefunden habe; bei bürokratischer Auslegung der Bestimmungen, die im Fernleihverkehr für die Leihfristen gelten, wäre es nämlich kaum durchführbar gewesen, die oft nach langen Wartezeiten, dann aber gelegentlich stoßweise eintreffenden Bücher so auszuwerten, wie es das Thema meiner Arbeit gebot. Für diese Mithilfe möchte ich der Bibliothek an dieser Stelle danken.

Abgeschlossen war das Manuskript im Sommer 1966. Soweit nach diesem Zeitpunkt Neuauflagen zitierter Werke erschienen sind, habe ich sie jedenfalls dann berücksichtigt, wenn sich neue und von der Vorauflage abweichende Berührungspunkte mit der vorliegenden Arbeit ergaben.

Ich widme dieses Buch meiner Frau.

Köln, 24. Mai 1969

Paul Burian

INHALTSVERZEICHNIS

QUELLENSITUATION UND ZITIERWEISE

Bis auf wenige Ausnahmen sind die Schriften der deutschen Naturrechtslehrer, angefangen bei Pufendorf und Thomasius bis hin zu Christian Wolff und dessen Schülern, nur verstreut in den wissenschaftlichen Bibliotheken Deutschlands vorhanden. Daraus folgt, daß jede Beschäftigung mit der deutschen Naturrechtslehre ohne intensive Benutzung des Fernleihverkehrs schlechthin unmöglich ist. Bei der Vielzahl der Auflagen fast jedes einzelnen Werkes, das es zu berücksichtigen gilt, ist es freilich oft ein nahezu aussichtsloses Unterfangen, auf die gerade gewünschte Auflage in angemessener Zeit hoffen zu wollen. Aus diesem Grunde bin ich beim Zitieren der wesentlichen loci so verfahren, daß jeweils der größere Zusammenhang des ganzen Abschnitts erkennbar wird. Außerdem ist zu berücksichtigen, daß viele Ausdrücke des Gelehrtenlateins dem Versuch adäquater Übersetzung beharrlich widerstehen, so daß schon aus diesem Grunde nur wörtlich übernommene Textstellen als hinreichend zuverlässige Arbeitsgrundlage dienen können. Deshalb sind, um hier eine unmißverständliche Kennzeichnung aller fremden Texte zu gewährleisten, ausschließlich Zitate in Anführungszeichen gesetzt, während überall dort, wo die Verwendung von Anführungszeichen sonst noch geboten erschien, so zum Beispiel bei der Hervorhebung von Buchtiteln, entgegen der sonst üblichen Praxis nur einfache Anführungsstriche benutzt wurden.

Das Einteilungsprinzip der naturrechtlichen Werke, das im Grunde stets das gleiche ist, nämlich: Buch, Kapitel, Paragraph, legt es nahe, auf alle Zusätze zu verzichten und sich allein auf die Verwendung von Zahlen zu beschränken. Wechselt man dabei, von Einteilung zu Untereinteilung fortschreitend, zwischen arabischen und römischen Ziffern ab, so dürften Mißverständnisse und Unklarheiten ausgeschlossen sein. Es heißt also zum Beispiel: „Pufendorf, Jus naturae, 1, V, 3": erstes Buch, fünftes Kapitel, Paragraph 3.

Sind im Literaturverzeichnis mehrere Auflagen desselben Werkes angegeben, so handelt es sich im Text selbstverständlich um die neueste Auflage, wo ein besonderer Auflagenhinweis fehlt. Umgekehrt sind allerdings bei den Werken der Naturrechtslehrer stets die ältesten genannten Auflagen berücksichtigt, um — der Besonderheit des Themas entsprechend — das früheste Auftauchen der für die vorliegende Untersuchung wesentlichen Gedanken aufspüren zu können.

Das Quellen- und Literaturverzeichnis soll und darf keine Bibliographie sein. Trotzdem erschien es im vorliegenden Falle angezeigt,

Hinweise aufzunehmen, die das Auffinden der selten gewordenen älteren Werke erleichtern können, so zum Beispiel Hinweise auf mir vorliegende Neudrucke aus der letzten Zeit und die ihnen zugrunde gelegte Auflage bzw. Ausgabe. Bei den unter dem Präsidium des Thomasius verteidigten Dissertationen schließlich war ein Vermerk über die — oft in mehreren Auflagen wiederholten — Drucke angebracht, da diese häufig leichter zugänglich sind als die 1773 bis 1780 von Uhl besorgte — nicht vollständige — Gesamtausgabe der Dissertationen.

EINLEITUNG

Das Problem

Es erscheint uns heute als selbstverständlicher Grundsatz des modernen Strafrechts, „daß nur ein solches Verhalten bestraft werden kann, das seinem Wesen nach genau einem der vom Gesetz erschöpfend aufgezählten und mit bestimmter Strafe bedrohten Verbrechensbilder" — einem gesetzlichen Tatbestand — „entspricht". Als weitere Sicherung dieser rechtsstaatlichen „Garantiefunktion" des Strafgesetzes tritt „das unbedingte Verbot seiner sinngemäßen Ausdehnung im Wege richterlicher Rechtsschöpfung", tritt „das Verbot der strafbegründenden Analogie" hinzu[1]. Die ursprüngliche Fassung des § 2 Absatz 1 StGB lautet: „Eine Handlung kann nur dann mit einer Strafe belegt werden, wenn diese Strafe gesetzlich bestimmt war, bevor die Handlung begangen wurde." Dieser Satz kann nun freilich verschiedene Deutungen erfahren, denn er enthält weder das Analogieverbot noch die Forderung nach einer gesetzlichen Definition des Deliktstatbestandes; heute jedenfalls ist seine Auslegung gesichert und besagt dreierlei: Nur ein Gesetz kann eine Handlung zum Verbrechen erklären, und zwar durch einen unmißverständlich definierten Tatbestand (nullum crimen sine lege), nur ein Gesetz kann eine Strafe für die Handlung bestimmen (nulla poena sine lege) und beides nur, bevor die Handlung begangen wurde (nullum crimen, nulla poena sine lege praevia)[2].

Die Formulierung dieses berühmten „Schlagworts" geht auf Feuerbachs ‚Lehrbuch des gemeinen, in Deutschland gültigen peinlichen Rechts' von 1801 zurück, doch die „sinngemäße Proklamation dieses Grundsatzes" ist älter[3]. So sprechen die Verfassungen von Maryland (1776) und Massachusetts (1780) das Rückwirkungsverbot neuer Strafgesetze aus, und ihnen folgt die französische Deklaration der Menschen- und Bürgerrechte 1789 und die Verfassung von 1791[4]. Das

---

[1] *Maurach*, Strafrecht, S. 89 (§ 10 I).

[2] Zum heute erkannten Zweck der Tatbestandsfassung vgl. auch *Oehler*, Zweckmoment, S. 71.

[3] *Maurach*, Strafrecht, S. 91 (§ 10 II B).

[4] Vgl. dazu die Gegenüberstellung bei *Jellinek*, Erklärung. Zum Text der nordamerikanischen Verfassungen vgl. die Zusammenstellung bei *Poore*, Constitutions; ferner *Commager*, Documents, und *Altmann*, Urkunden, S. 21—45.

Analogieverbot dagegen findet sich erstmals in einem Gesetz des aufgeklärten Absolutismus, nämlich im Strafgesetzbuch Josephs II. von 1787, und sieben Jahre später im preußischen Allgemeinen Landrecht[5]. Im Laufe des 19. Jahrhunderts wird das Analogieverbot in der Feuerbachschen Formulierung als Analogie- und Rückwirkungsverbot in das Strafrecht fast aller Kulturstaaten übernommen. Es ist bezeichnend für das liberale, rechtsstaatliche Denken des vorigen Jahrhunderts, daß der frühliberale, ursprünglich nur auf die Nichtrückwirkung bezogene Satz „keine Strafe ohne vorher durch Gesetz bestimmte Strafandrohung" selbstverständlich auch und gerade die analoge Schaffung neuer Straftatbestände ausschließen und klare, unmißverständlich formulierte Tatbestände fordern sollte. Damit erreicht die sehr allgemeine Formel des nullum crimen, nulla poena sine lege ihre höchste Verfeinerung: nullum crimen, nulla poena sine lege scripta et stricta[6].

Die Forderung nach einer strengen Bindung des Richters an das Gesetz ist erhoben worden im Kampfe gegen obrigkeitliche und richterliche Willkür, denn der Grundsatz des nulla poena sine lege ist älteren Rechtsordnungen fremd, insbesondere entstammt er ja nicht, wie die Feuerbachsche Formulierung vermuten lassen könnte, dem römischen Recht. Gerade das römische Willensstrafrecht, das zwischen Vorbereitung, Versuch und Vollendung nicht unterscheidet, dem also jegliche ‚Tatbestandlichkeit' fehlt, kennt diesen Grundsatz nicht. Dem germanisch-altdeutschen Tatstrafrecht steht er zwar näher, aber die wichtigste Voraussetzung des Satzes nulla poena sine lege, die Gesetzesstaatlichkeit, fehlte, so daß immer auch nach Gewohnheitsrecht gestraft werden konnte. Nichts anderes gilt für die englische Magna Charta König Johanns von 1215, auch wenn man in ihr verschiedentlich die Heimat dieses Satzes hat erblicken wollen[7]. Denn wenn die Magna Charta in Artikel 39 die Bestrafung des Freien verbietet „nisi per legale judicium parium suorum vel per legem terrae", so ist damit wohl in erster Linie eine Art prozessualer Garantie gemeint nicht unähnlich dem ‚gesetzlichen Richter' des heutigen Verfassungsrechts[8]. Mit Recht weist Bohne darauf hin, daß an der Übersetzung des Artikels 39 der Magna Charta schon deshalb so vieles unbefriedigend bleiben muß, weil die zahlreichen Arbeiten zu

---

[5] § 49 der Einleitung des Allgemeinen Landrechts läßt die Analogie grundsätzlich zu, § 9 des 20. Titels im 2. Teil („Von den Verbrechen und deren Strafen") schließt aber die Analogie für das Strafrecht aus.

[6] *Maurach*, a. a. O.

[7] Vgl. *Schottlaender*, Entwicklung, S. 24 ff.; *Hennings*, Entstehungsgeschichte, S. 17 ff.

[8] *Maurach*, a. a. O.

dieser Frage „den Sprachgebrauch nicht an Hand der zeitgenössischen Quellen untersuchen, sondern ausschließlich aus der Entstehungsgeschichte der Magna Charta Schlüsse ziehen“[9]. Wollte man an der Bedeutung der „lex terrae“ zumindest auch im Sinne von materiellem, den Richter bindendem Landesrecht festhalten, so wie es noch Hennings mit zahlreichen Belegen aus der englischen Literatur zu begründen sucht[10], so hätte schon allein der Sprachgebrauch an Stelle von „per“ viel eher das Wort „secundum“ gefordert[11]. Darum überzeugt auch eher jene Auslegung dieses Artikels, wie sie Stephen gibt und die in der „lex terrae“ allein einen Hinweis auf das anzuwendende Verfahren sieht: „... no free man shall be taken, ... except (if he is one of the vassals of the King's Court) by the lawful judgment of his peers, or (if he is not such a vassal) by the law of the land, i. e. the ordinary course of justice“[12]. Sicher ist aber, daß der Artikel 39 der Magna Charta im ausgehenden 18. Jahrhundert im Sinne einer Garantiefunktion des Strafgesetzes verstanden wurde; so folgen ihm die nordamerikanischen Verfassungen und die Erklärung der Menschenrechte in der französischen Revolution in fast wörtlicher Anlehnung. Wir wissen heute, daß Coke es war, der der Magna Charta jenen überragenden Rang zu verschaffen wußte, den man ihr seither zuerkennt[13]; und nur wenn man zwischen ihrer ursprünglichen und der ihr später zugelegten Bedeutung scharf unterscheidet, vermag man ihren Text richtig zu deuten[14].

Erst die Carolina bindet den Richter grundsätzlich an das Gesetz. Sie läßt aber eine analoge Ausweitung der in ihr enthaltenen Tat-

---

[9] *Bohne*, Magna Charta, S. 73 f.

[10] *Hennings*, Entstehungsgeschichte, S. 17 ff., besonders S. 21.

[11] Vgl. die Beispiele bei *Bohne*, Magna Charta, S. 97, Anm. 114, und S. 99.

[12] *Stephen*, History, I., S. 162 f. Vgl. dazu auch S. 261 f.

[13] *Coke*, Institutes, 1. Teil, Sect. 108, und insbesondere das 29. Kapitel des 2. Teils, das sich mit der Auslegung des Artikels 39 befaßt. Zur Magna Charta insgesamt sehr eingehend 2. Teil, 1.—38. Kapitel.

[14] Vgl. dazu *Jimenez de Asua*, Nullum crimen, S. 172. Weitere Literaturhinweise zur Auseinandersetzung um die Bedeutung der Magna Charta bei *Bohne*, sowie bei *Mezger*, Strafrecht, S. 30. — Es fragt sich, ob man in Artikel 39 der Magna Charta tatsächlich nichts anderes als ein reaktionäres Privileg des Lehnsadels erblicken kann, der sich auf diese Weise „nur den königlichen Gerichten entziehen und nach Lehnsrecht und mit den üblichen Beweismitteln des Landesrechts (Zweikampf, Ordal oder Eideshilfe) verteidigen“ wollte; so *Bohne*, S. 72; *Riess*, Legende, S. 227 f. Zu dieser Zeit war bereits die Stellungnahme der Kirche gegen die Gottesurteile eindeutig festgelegt, und es erscheint zumindest als merkwürdiger Widerspruch, daß vier Jahre nach der Magna Charta die Gottesurteile in England verboten worden sind; vgl. *Conrad*, Rechtsgeschichte, I., 1. Aufl., S. 507 f. Diese Stelle fehlt in der 2. Auflage.

bestände — auf Grund einzuholender höchstgerichtlicher Anweisungen oder Fakultätengutachten — zu (Artikel 105)[15]. Die Gefahr richterlicher Willkür schien zunächst gering, denn die Carolina geht von der Vollständigkeit der in ihr enthaltenen Tatbestände aus[16]. Außerdem ist sie dort, wo sie sich nicht mit der bloßen Täterbezeichnung begnügt, erstaunlich genau und gibt in diesen Fällen die erste und für die späteren Strafgesetze „grundlegende Typisierung von Delikten"[17]. Aber trotz ihrer Vorzüge, trotz der — freilich nur vereinzelten — klaren Tatbeschreibungen und trotz der grundsätzlichen Bindung des Richters an das Gesetz hat es die Carolina nicht vermocht, sich in der Praxis der Kriminalgerichte ihrem Range entsprechend zu behaupten. Bald setzte sich ihr gegenüber wieder die Freiheit des Richters durch. Freilich begegnet es gewissen Bedenken, allein deswegen schon von einer „unerhörten richterlichen Willkür" zu sprechen[18]. Man darf hier nicht übersehen, daß das Strafensystem der Carolina noch hart und ganz mittelalterlich war und deshalb fast zwangsläufig ein Bedürfnis nach zeitgemäßer Auslegung des Gesetzes erwachsen mußte. Insoweit hat die Abkehr von der Carolina geradezu als Segen gewirkt. Es kommt hinzu, daß dort, wo man oft nur Willkür gesehen hat, in der Tat festes Gewohnheitsrecht vorlag. Der usus fori war durchaus keine schwankende und unfaßbare Größe, und selbst die Milderung der Strafen, die man oft nur als Ausfluß der richterlichen Willkür betrachtet hat, war „von festen Prinzipien geleitet"[19]. Zwar hat die schon in der Carolina vorgesehene Gutachtertätigkeit der juristischen Fakultäten allmählich wieder zu einer stärkeren Beachtung des Gesetzestextes geführt[20], aber dieses Zurückgehen auf die ursprünglichen gesetzlichen Begriffe hat in vielen Fällen — so zum Beispiel bei der Blasphemie — nur erneut die ganze grausame Härte der Carolina deutlich hervortreten lassen[21].

Deshalb ist gerade diese widerspruchsvolle Beziehung zum Gesetz überhaupt — die Rückkehr zum unverfälschten Gesetzestext auf der einen Seite und zugleich das Bestreben, sich von seiner durch keine Auslegungskunst mehr zu überwindenden Fremdheit zu lösen — zum

---

[15] Vgl. *v. Hippel*, Strafrecht, I., S. 176 f.

[16] Vgl. dazu *Oehler*, Legalordnung, S. 46.

[17] *Wolf*, Rechtsdenker, S. 126 f. Zur Würdigung der Schwarzenbergschen Reformen vgl. auch die Darstellung bei *Oehler*, Legalordnung, S. 44 ff., und zum Versuch einer Tatbeschreibung in den Fällen, wo weder ein richtiger Täter- noch ein Tattyp zur Verfügung stand, S. 59 f.

[18] So *Welzel*, Strafrecht, S. 11.

[19] *Hegler*, Thätigkeit, S. 115; so auch öfters.

[20] Vgl. *Hegler*, Thätigkeit, durchgehend, insbesondere S. 21 ff., S. 47 ff. und S. 115.

[21] *Hegler*, Thätigkeit, S. 21, 49.

Angriffspunkt geworden für die kriminalpolitische Aufklärung[22]. Sie führt aus verschiedenartigen und zum Teil durchaus entgegengesetzten Motiven zu einer strengen Bindung des Richters an das klar formulierte, einer Auslegung nur noch beschränkt oder überhaupt nicht mehr zugängliche Gesetz[23]. Es handelt sich hier um einen in die allgemeine Positivierung des Rechts eingebetteten Entwicklungsvorgang, dessen Vielschichtigkeit ihn heute nur schwer faßbar erscheinen läßt. Jedenfalls ist es nicht möglich, den Gesetzen des aufgeklärten Absolutismus, so etwa der Josephina von 1787, der man als erstem Strafgesetz die „Verwirklichung des Grundsatzes nulla poena sine lege" zuschreiben kann, ohne weiteres eine „Garantie der staatsbürgerlichen Freiheit und Sicherheit des Individuums" zuzuerkennen schon ganz im Sinne des modernen rechtsstaatlichen Grundsatzes: Eine Handlung kann nur dann mit einer Strafe belegt werden, wenn die Strafbarkeit gesetzlich bestimmt war, bevor die Handlung begangen wurde[24]. Die Garantiefunktion des Satzes nullum crimen, nulla poena sine lege, wie sie sich gerade in seiner Formulierung als Grundrecht niederschlägt, sollte in ihrer Bedeutung als Motiv für seine Anerkennung nicht überschätzt werden neben der Furcht des aufgeklärten Herrschers vor einer Verfälschung seiner Gesetze durch den Richter, die Analogie und das Gewohnheitsrecht und durch jede wissenschaftliche Beschäftigung mit dem Gesetz überhaupt. So dürfte auch Joseph II. kaum an den Schutz des Bürgers vor richterlicher Willkür gedacht haben; viel näher liegt es, in seinem unbedingten Analogieverbot (§ 1), der Bindung des Kriminalrichters „an die buchstäbliche Beobachtung des Gesetzes" (§ 13) und der ausdrücklichen Untersagung jedes richterlichen Milderungs- oder Schärfungsrechtes (§ 26) den Zweck zu vermuten, allein die Autorität der gesetzgebenden Gewalt zu wahren „und ihr gegenüber das richterliche Ermessen auszuschalten"[25]. Im Ergebnis freilich hat auch die obrigkeitliche Gesetzesherrschaft dazu geführt, daß dem — gleichsam entmündigten — Untertanen die Wohltat einer

---

[22] „Denn es wird wohl niemand sagen können, daß die vorgeschriebenen peinlichen Gesetze hinreichend seyen, alle vorkommende Fälle mit zulänglichem Grunde zu entscheiden", beginnt der Wolff-Schüler Engelhard die Schilderung der bestehenden Zustände in der Vorrede zu seinem ‚Versuch eines allgemeinen peinlichen Rechtes' und fährt fort: „Lässet nicht selbst der Kaiser Karl der fünfte gar vieles auf das Ermessen und den Rath der Richter und Rechtsverständigen ankommen? ... Zween mit den gelehrtesten Männern besetzte Schöppenstühle, oder zwo dergleichen Juristenfacultäten, entscheiden einen und denselben Fall, wobey es doch auf Leib, Leben und Ehre ankömmt, manchmahl auf ganz widrige Weise ..."

[23] *Welzel*, Strafrecht, S. 11.

[24] So richtig *v. Weber*, Geschichte, S. 653, 671 f.

[25] *Schmidt*, Einführung, S. 245, im Anschluß an *Stooss*, Lehrbuch, S. 37 f.; ebenso hebt v. Weber das Interesse des aufgeklärten Absolutismus an der

strengen Bindung des Richters an das Gesetz zuteil wurde: „Die Sicherheit des Individuums war demnach nicht der eigentliche Zweck der strengen Bindung des Richters an das Gesetz, wohl aber dessen Folge“[26].

Ist in diesem Entwicklungsvorgang auch — dort vor allem, wo die Teilung der Gewalten zugunsten der Autorität der gesetzgebenden Gewalt so offensichtlich betont wird — das Gedankengut der französischen Aufklärung unverkennbar[27], so bleibt doch die Frage offen, welchen Beitrag die deutsche Naturrechtslehre zu dieser Entwicklung geleistet hat. In den Darstellungen zur Geschichte des Satzes nullum crimen, nulla poena sine lege werden zwar Samuel Pufendorf, Christian Thomasius und Christian Wolff genannt, aber eine umfassende Würdigung ihrer Gedanken, soweit sie für diese Frage bedeutsam sein könnten, fehlt bisher. Es genügt sicher nicht, einzelne Gesichtspunkte herauszugreifen, wie etwa das Verhältnis zum Gewohnheitsrecht oder zur Analogie, oder auf die Ansätze zur Theorie vom psychologischen Zwang bei Pufendorf hinzuweisen und damit einen Zusammenhang mit jenen Vorstellungen anzudeuten, die Feuerbach schließlich zur unbedingten Anerkennung des Grundsatzes nulla poena sine lege veranlaßt haben; vielmehr sind alle Elemente zu prüfen, die in ihrer Gesamtheit erst den Grundsatz nullum crimen, nulla poena sine lege bilden, wie wir ihn heute verstehen, und jeder Teil ist gesondert zu untersuchen. Es ist also von der Frage auszugehen, welches Verhältnis die deutsche Naturrechtslehre zum positiven Gesetz überhaupt hat, welche Anforderungen sie an ein Strafgesetz stellt, in welchem Maße sie ein klar umschriebenes Verbrechensbild, eine Definition des Deliktstatbestandes verlangt. Damit ist weiter die Frage gestellt nach dem Vorrang des geschriebenen Rechts, nach der Bindung des Richters an das Gesetz und dem Ausschluß des Gewohnheitsrechts — Verbot der Berufung auf Autoritäten, insbesondere auf den Gerichtsgebrauch —; diese Fragen führen schließlich zum Grundsatz der Vollständigkeit des gesetzten Rechts, und das heißt, zum Verbot, Lücken durch Analogie

---

Einheitlichkeit und Sicherheit des Rechts hervor (vgl. Anm. 26).

[26] *Conrad,* Grundlagen, S. 73. Vgl. hierzu auch *v. Weber,* Geschichte, S. 672; zum ‚jus certum‘ insbesondere vgl. auch *Thieme,* Zeit, S. 202 f.

[27] Wenn man hier neben Montesquieu, Voltaire und Rousseau auch den Italiener Beccaria nennt, so sollte man folgerichtig auch auf Friedrichs des Großen Akademieabhandlung ‚Sur les raisons d'etablir ou d'abroger les lois‘ verweisen. Vgl. hierzu auch *v. Weber,* Geschichte, S. 674. Der Kern aller Überlegungen, die im Zeitalter des Absolutismus zur Vorherrschaft des geschriebenen Rechts geführt haben, ist letztlich die Vorstellung, daß die überlegene ratio des absoluten Fürsten im Gesetz ihren Niederschlag finde, vgl. *v. Weber,* S. 672.

zu schließen. Damit geht es schließlich um die untrennbar mit dem Gesetz verknüpfte Eigenart des kriminellen Unrechts im Unterschied zur bloßen Immoralität und Sittenwidrigkeit[28].

Erst die Antwort auf alle diese Fragen kann uns darüber Aufschluß geben, in welchem Maße die deutsche Naturrechtslehre bei der Herausarbeitung und Darstellung der Grundsätze mitgewirkt hat, die an der Wende des 18. zum 19. Jahrhundert die absolute Vorherrschaft des geschriebenen, unmißverständlich formulierten Gesetzes im Strafverfahren heraufgeführt haben.

---

[28] Vgl. zu dieser Zergliederung auch *Binding*, Handbuch, I., S. 27 ff.

I. SAMUEL PUFENDORF

1. Die Bedeutung des Gesetzesbegriffs in Pufendorfs naturrechtlichem System

Fast unvorstellbar ist heute das Aufsehen, das Pufendorf bei den Zeitgenossen erregt, ist der Ruhm, den er im 18. Jahrhundert genossen hat; „man möchte geradezu sagen: er hat Sensation gemacht“[1]. — „Je ne m'étendrai point ici à faire un étalage pompeux du mérite de cet Ouvrage ... Je remarque d'abord, que cet Ouvrage a eû une approbation fort générale. Le grand nombre d'Editions qu'on en a fait, en Suéde, en Allemagne, et en Hollande, depuis trente et quatre ans qu'il a vû le jour, sont une preuve parlante de la maniére avantageuse dont il a été recû du Public“, urteilt Barbeyrac in der Einleitung zu seiner Übersetzung des Jus naturae et gentium[2]. In der Tat kann nichts den Erfolg Pufendorfs besser illustrieren als die Auflageziffern seiner Werke[3]. Das Hauptwerk ‚De jure naturae et gentium‘ ist bis 1773 in 14 Auflagen erschienen, und überhaupt nicht mehr vollständig zu ermitteln sind die Auflagen des Auszugs aus diesem Werk, den Pufendorf unter dem Titel ‚De officio hominis et civis‘ 1673 veröffentlicht hat. In welchem Maße vor allem die zahlreichen übersetzten und kommentierten Ausgaben auf die französischen Aufklärer eingewirkt haben, mag eine müßige Frage sein. Gewiß kann man Pufendorf nicht einfach „unter die literarischen Wegbereiter der französischen Revolution“ zählen[4] und etwa den Buchtitel ‚Von der Pflicht des Menschen und des Bürgers‘ schon dem Vokabular des späten 18. Jahrhunderts zurechnen, wie es Hazard tut[5]. Tatsache bleibt aber, daß Pufendorf von den französischen Juristen des 18. Jahrhunderts nicht nur viel zitiert, sondern offenbar auch mehr gelesen worden ist, als Wolf annehmen möchte[6]. Die vom Chevalier de Jaucourt redigierten Artikel über die Rechtswissenschaft in der

---

[1] *Sauter*, Grundlagen, S. 114.
[2] Preface, S. CXX.
[3] Vgl. dazu *Simons* in der Einleitung zu der in den Classics of International Law erschienenen Ausgabe von Pufendorfs Jus naturae.
[4] *Wolf*, Rechtsdenker, S. 340.
[5] *Hazard*, Krise, S. 24.
[6] *Wolf*, Rechtsdenker, S. 340; vgl. auch *Derathé*, Rousseau, S. 32.

Enzyklopädie sind größtenteils nicht mehr als eine Kompilation der Gedanken Pufendorfs, Barbeyrac's und Burlamaqui's, und die Artikel ‚souveraineté' und ‚sociabilité' sind vollständig aus Pufendorfs Jus naturae übernommen[7].

Pufendorf und Hugo Grotius galten dem 18. Jahrhundert als die Klassiker des Naturrechts, ohne daß einer dem anderen eindeutig vorgezogen worden wäre[8]. Die unvergleichliche Bildung des Niederländers, die ungeheure Fülle seines Wissens errang schon bei den Zeitgenossen Bewunderung, und die Klarheit seines Ausdrucks, die Leichtigkeit und Eleganz seines Stils vermochten später selbst dort noch zu überzeugen, wo im übrigen Pufendorf größeres Ansehen genoß[9]. Und soweit man eine Charakterisierung der beiden unternahm, waren es ihre Hauptwerke, die einander gegenübergestellt wurden und die das Urteil bestimmt haben. So weist Barbeyrac darauf hin, daß in der Gliederung und Aufteilung des Stoffes, im Aufbau des ganzen Werkes (l'economie générale de l'Ouvrage) Pufendorf das ‚Jus belli ac pacis' weit übertreffe, während er sich „dans l'arrangement particulier des matériaux qui composent chaque Chapitre" manchmal eine Unordnung leiste, wie man sie bei Grotius vergeblich suche. Entscheidend aber falle ins Gewicht, daß Grotius nirgends ein vollständiges System entwickele, so wie es Pufendorf uns gebe. Er berühre zwar die meisten Hauptmaterien des Naturrechts, aber es liege nicht in seiner Absicht, sie gründlich abzuhandeln; „er begnügt sich damit, nur so viel über sie zu sagen, wie er zur Entscheidung der Fragen braucht, die das eigentliche Gebiet seines Buches betreffen". So finde man bei ihm fast nichts von dem, was bei Pufendorf das ganze erste Buch des Jus naturae fülle. Grotius habe die Grundprinzipien des Naturrechts wohl erkannt, aber er deute sie nur im Vorwort an. Pufendorf dagegen entfalte diese Grundprinzipien und leite aus ihnen mit äußerster Konsequenz die Grundpflichten des Menschen und des Bürgers für jeden Staat ab, gleich in welchem er sich auch befinde. Während Grotius wichtige Gebiete übergehe, erwähne er wiederum andere, die eher zur Theologie gehörten als zum Naturrecht und die er deshalb unerörtert lassen könnte[10], oder er widme sich einzelnen

---

[7] Vgl. dazu im einzelnen *Derathé*, Rousseau, S. 32 f., und S. 32, Anm. 5.

[8] Vgl. dazu den Nachweis bei *Welzel*, Naturrechtslehre, S. 2, Anm. 4.

[9] Daß Grotius als neulateinischer Dichter gilt, ist ein heute kaum bekannter, aber für die Vollkommenheit seines Stils überaus kennzeichnender Umstand; vgl. im übrigen *Schätzel*, S. XVI, XXII f.; ferner *Barbeyrac*, Preface, S. CXXI.

[10] Ganz selbstverständlich trennt hier Barbeyrac die Theologie vom Naturrecht, und Fragen, die dem einen Bereich angehören, hält er im anderen für verfehlt. Offenbar sieht er diese Trennung in Pufendorfs System schon als völlig vollzogen an.

Fragen ausführlicher, als in einem allgemeinen System erforderlich sei, wie zum Beispiel dem Kriegsrecht. Aus allen diesen Gründen sei Grotius' Werk eine geringere Bedeutung zuzuerkennen als dem Pufendorfs, der im übrigen kaum eine Idee von Grotius übernehme, ohne sie zugleich weiterzuentwickeln und einer Reihe weiterer Konsequenzen zu unterwerfen[11].

Es zeigt sich, daß im Urteil der Zeitgenossen die Vollständigkeit und Ausführlichkeit des von Pufendorf entworfenen naturrechtlichen Systems als Vorzug bewertet wird, der wesentlich zu der gegenüber Grotius größeren Praktikabilität seines Naturrechts beiträgt. Es ist offenbar leichter, mit Pufendorfs Gedanken zu argumentieren; auch ist nicht zu verkennen, daß jedes konsequent aufgebaute System nur in seinen Prämissen angegriffen werden kann, was die Auseinandersetzung von vornherein aufs Grundsätzliche beschränkt und damit auf jene Ebene verlegt, auf der der Gegner am leichtesten als Ignorant bezeichnet werden kann. Dieser Methode hat sich Pufendorf auch tatsächlich mit großem Erfolg in den Eris scandica bedient. Wir wissen heute, daß Grotius die bleibende Beachtung seines Hauptwerks gerade jenen Umständen verdankt, die Barbeyrac's Kritik herausgefordert haben; weil der Schwerpunkt seiner Arbeit auf dem Gebiet des Völkerrechts liegt, sein Name nicht so wie der Pufendorfs schlechthin mit dem modernen Naturrecht identifiziert werden kann, hat schließlich sein Ruhm im ausgehenden 18. und im 19. Jahrhundert den des Deutschen verdunkelt. Denn als der Kritizismus Kants und die historische Schule in Deutschland und der Positivismus eines Comte, Mill, Spencer in Westeuropa die naturrechtlichen Anschauungen verblassen ließen, mußte Pufendorf davon stärker betroffen werden als Grotius, der neben Wolff und Vattel im Völkerrecht unangefochtene Autorität behielt. Es mag sein, daß zu der allmählichen Abwertung Pufendorfs auch das bis heute immer wieder zitierte abfällige Urteil des alten Leibniz beigetragen hat. Welzel glaubt feststellen zu können, daß es nicht frei sei von Neid und Mißgunst, und tatsächlich hat es wohl im 18. Jahrhundert eher Leibniz als Pufendorf geschadet[12]. Aber dem Satz vom „vir parum jurisconsultus et minime philosophus“ ist eine gewisse Berechtigung nicht abzusprechen, wenn man ihn einmal ganz wörtlich nimmt: Jurist im eigentlichen Sinne ist Pufendorf nie gewesen, und das philosophisch-spekulative Element,

---

[11] *Barbeyrac,* Preface, S. CXXV ff. Die außerordentliche Hochschätzung gegenüber seinem Autor hält Barbeyrac freilich nicht davon ab, sich über manche Charakteristika Pufendorfs durchaus kritisch zu äußern, und das ist ihm eine willkommene Gelegenheit, dabei die Leistung des Übersetzers ins rechte Licht zu rücken, vgl. Preface, S. CXXVII f.

[12] Vgl. *Welzel,* Naturrechtslehre, S. 4 f.

das Leibniz wohl in erster Linie in Zweifel ziehen wollte, ist tatsächlich Pufendorfs schwächster Punkt[13].

Die entscheidende theoretische Grundlage des Pufendorfschen Systems bildet die Frage nach dem Verhältnis zwischen der menschlichen Vernunft und den Normen des Naturrechts. Pufendorf hat mit entschiedener Konsequenz immer daran festgehalten, daß die Vernunft aus sich selbst heraus allein durch die Betrachtung der Natur imstande sei, die Normen des natürlichen Rechts zu erkennen[14]. Die notwendige Wahrheit des Naturrechts werde durch Schlußfolgerungen oder den Gebrauch der natürlichen Vernunft erfaßt; denn die Propositionen, welche das Naturrecht vorstellten, prägten sich der menschlichen Seele durch die Betrachtung der Natur aller Dinge ein. Darum seien sie auch auf Gott als den Urheber der Natur zurückzuführen[15]. Hier zeigt sich, daß für Pufendorf die Erkenntnis des Naturrechts ein reines Aposteriori ist. So hat Pufendorf auch folgerichtig die aristotelische Lehre von der Erkenntnisapriorität strikt abgelehnt. Er zerlegt den Intellekt in duae facultates, nämlich in die facultas apprehensiva und die facultas judicatrix, und ist davon überzeugt, daß beiden facultates „naturalem inesse rectitudinem, quae debita adhibita attentione nos decipi circa res morales non patiatur; nec utrumque ita depravari, ut circa easdem non possimus non decipi ...“[16]. Die Normen des Naturrechts sind dabei für Pufendorf echte Rechtsnormen, die ihre Verbindlichkeit nicht nur aus ihrer Notwendigkeit für das Menschengeschlecht, sondern so wie jedes von Menschen gesetzte Recht von einer impositio, einem Befehl, einem Rechtssetzungsakt herleiten. Die Verpflichtungskraft der natürlichen Gesetze definiert Pufendorf als „vis obligandi, ... id est, conscientiis intrinsecam aliquam necessitatem injiciendi“[17], und kennzeichnet obligatio — im Gegensatz zur coactio — als ein „vero moraliter voluntatem afficiens“[18]. Zugleich macht Pufendorf auch deutlich, was

---

[13] Vgl. dazu *Wolf*, Rechtsdenker, S. 334, ferner *Wieacker*, Privatrechtsgeschichte, S. 306, aber auch S. 311 f. — Als Beweis für Pufendorfs unzureichende Kenntnis der philosophischen Problematik, für seine Unkenntnis der griechischen Philosophie und der Philosophie des Mittelalters überhaupt läßt sich zum Beispiel seine eigene Darstellung der Geschichte des Naturrechts (Specimen controversiarum, 1) sowie seine Definition des Naturrechts selbst (Jus naturae, 2, III, 4, 5) oder seine Auseinandersetzung mit der Lex-aeterna-Lehre der Scholastiker heranziehen (Jus naturae, 1, II, 6).

[14] Am deutlichsten entwickelt Pufendorf diesen Gedanken in Jus naturae, 2, III, 13.

[15] Jus naturae, 2, III, 20.

[16] Die Überschrift zu Jus naturae 1, III, 3 heißt: „Intellectus circa moralia naturaliter rectus est“.

[17] Jus naturae, 8, I, 6.

[18] Jus naturae, 1, VI, 5.

er unter „vis obligandi" und „vero moraliter voluntatem afficiens" verstanden wissen will: Es ist die innere Bindung an ein Gesetz, das nicht nur auf der Macht des Herrschers beruht, sondern in dessen Recht zu herrschen und Übertreter zu bestrafen seine Stütze findet. Dieses Recht gründet sich im irdischen Bereich auf der freiwilligen Zustimmung der Untertanen[19]. Im Verhältnis zu Gott freilich ist es nicht die Freiwilligkeit der Unterwerfung, die Gott das Recht gibt zur Herrschaft über die Menschen; und so nennt Pufendorf noch eine zweite Quelle, aus der die „vis obligandi" fließt: Es ist die Achtung des Menschen vor der Vollkommenheit Gottes, dem er alle Wohltaten, ja das Leben selbst zu danken hat, und der besser für die Zukunft seiner Geschöpfe sorgen kann als der Mensch selbst. Deshalb bindet den Menschen die Einsicht, daß es unvernünftig sein muß, dem Willen Gottes zu widerstreben; er sieht den notwendigen Zusammenhang zwischen dem natürlichen Recht und der Natur des Menschen, so daß ihm ein Verstoß gegen das Naturgesetz geradezu als Verletzung des wohlverstandenen eigenen Interesses erscheinen muß[20]. Damit zeigt sich, daß die Verpflichtungskraft der Naturrechtssätze letztlich auf ihrer Vernünftigkeit beruht. Sie sind die vernünftige Ordnung des menschlichen Zusammenlebens, das ohne sie jedenfalls ein friedliches Zusammenleben nicht sein könnte. Dieses Ziel wird schon durch die bloße Befolgung des natürlichen Rechts erreicht, so daß sich auch folgerichtig dessen Anspruch nur an das äußere Verhalten der Menschen richtet. So erklärt sich schließlich auch, weshalb Pufendorf das moralisch Gute und das moralisch Verwerfliche so ganz formal durch die bloße Übereinstimmung oder das bloße Auseinanderklaffen von naturrechtlichem Gebot und menschlicher Handlung bestimmt. („Actio bona est, quae cum lege congruit, mala, quae ab eadem discrepat")[21].

Es besteht also einmal eine notwendige Abhängigkeit des Naturrechts vom Willen Gottes, der es in Kraft setzt, und andrerseits eine notwendige Beziehung des Naturrechts zur Natur des als animal rationale et sociale angelegten Menschen. Gott stand es frei, den Menschen mit dieser oder mit einer anderen Natur auszustatten, aber er kann ihm kein anderes als das seiner Natur entsprechende Naturrecht geben[22]. Daraus folgt für Pufendorf zwingend, daß das aktuelle Naturrecht das gesellige Zusammenleben der Menschen zum Gegenstand hat und in dem einen — höchsten — Grundsatz zusammenzu-

---

[19] Jus naturae, 1, VI, 12.

[20] Jus naturae, 1, VI, 12. Vgl. zu dieser Stelle auch *Welzel*, Naturrechtslehre, S. 53, und S. 55, Anm. 14.

[21] Jus naturae, 1, VII, 3.

[22] Hier gründet Pufendorf das durch die Beschaffenheit der menschlichen Natur vorherbestimmte Naturrecht zuletzt doch im irrationalen Willen Gottes. Vgl. dazu *Sauter*, Grundlagen, S. 124.

fassen ist: „... cuilibet homini, quantum in se, colendam et conservandam esse pacificam adversus alios socialitatem, indoli et scopo generis humani in universum congruentem“[23]. Pufendorf greift hier also nicht anders als Aristoteles und die Scholastik auf ein soziales Apriori zurück, nämlich auf eine in der Menschennatur generell vorgegebene Anlage zum geselligen Leben, deren jeweilige Verwirklichung den Umständen und den Bedürfnissen im Einzelfall überlassen bleibt: „Natura hominis semper ad socialitatem in genere a Creatore determinata est, sed peculiares societates constituere atque inire ex ductu rationis in hominum arbitrio relictum“[24].

Auch hier zeigt sich wieder, daß die novitas des modernen rationalistischen Naturrechts weder in seinen spekulativen Grundlagen noch in seinem Gedankengut liegt[25]. Neuartig ist nur, wie jetzt die Lehre vom Menschen als geselligem Lebewesen zum alleinigen Gegenstand der Betrachtung wird. Diese neue Naturrechtslehre versteht sich als selbständige Wissenschaft, als eine allgemeine Rechtslehre, die sich nicht nur von der Moraltheologie, sondern auch von der positiven Jurisprudenz deutlich unterscheidet. Im Vorwort zu dem 1673 erschienenen De officio hominis et civis entwickelt Pufendorf mit aller Schärfe den Gedanken der Trennung jener „tres seperatae disciplinae“, des jus naturale, des jus civile und der theologia moralis. Erst alle drei Disziplinen zusammen ergeben den ganzen Kreis der Pflichten, die der Mensch zu erfüllen hat, und in jedem dieser drei Bereiche gilt ein eigenes Prinzip der Erkenntnis, nämlich die recta ratio im Naturrecht, die impositio legislatoris im positiven Recht und die in der Heiligen Schrift offenbarte voluntas Dei für die Moraltheologie. Das Naturrecht hat sich aber nur mit jenen Pflichten zu beschäftigen, denen die rationale Erkennbarkeit zu eigen ist; es bleibt auf den „Umkreis dieses Lebens, und zwar auf das gesellige Zusammenleben mit den anderen, beschränkt“, während die Moraltheo-

---

[23] Jus naturae, 2, III, 15.

[24] Jus naturae, Lectori Benevolo; Sauter mißdeutet diese Sätze, wenn er davon spricht, daß Pufendorf nicht berechtigt sei, „dieses soziale Apriori für das Apriori des Naturrechts zu erklären, wo es doch evidentermaßen selbst ‚ein‘ naturrechtliches Gebot, und daher nicht dessen Fundament sein kann“, *Sauter*, Grundlagen, S. 124. Pufendorf verfährt hier durchaus folgerichtig, wenn er die „ad socialitatem in genere“ angelegte Natur des Menschen zum Fundament des Naturrechts erklärt und den Satz, der den Menschen die Beachtung der Sozialität vorschreibt, zum Fundamentalsatz des Naturrechts erhebt. Das soziale Apriori ist dann nicht mehr als eine in der Natur des Menschen liegende Gegebenheit.

[25] Zu den entscheidenden Anknüpfungspunkten an die Scholastik läßt sich auch die Behandlung der Eigentumsfrage zählen, vgl. Jus naturae. 2, III, 22, und 3, II, 5, und ebenso Pufendorfs Versuch, einen Begriff von der Vollkommenheit Gottes zu gewinnen, Specimen Controversiarum, IV, § 4.

logie den Menschen wie auf der Wanderschaft sieht und in ihm die Hoffnung weckt, einst im Jenseits Belohnung zu finden für ein sittliches Leben hier auf der Erde[26].

Mit dieser Beschränkung des Naturrechts auf den irdischen Bereich verliert es zwar den Charakter der ewigen Wahrheit, der unveränderlichen Geltung und unwandelbaren Kraft — so ist auch für Pufendorf das oberste Naturrechtsprinzip nichts, „in quo demum subsistendum sit" oder „per se notum, indemonstrabile"[27], sondern eine „propositio fundamentalis" nach der Art eines naturwissenschaftlichen Obersatzes[28] —, aber es erlangt durch diese Betrachtung eine neue Dimension, die dem Naturrecht bisher unbekannt war. Denn als Summe aller Verhaltensnormen für das gesellige Lebewesen Mensch reicht seine Wirkung unmittelbar in alle Bereiche des menschlichen Zusammenlebens hinein. Es wird zur greifbaren, für jeden Verstand bei einiger Anstrengung untrüglichen Anweisung zum rechten Verhalten überall dort, wo sich der Mensch befindet, sei es im Frieden oder im Krieg, sei er Dienender oder Herrscher, frei oder gefangen. Es gibt keinen Raum mehr ohne Recht, und zutreffend weist Erik Wolf[29] darauf hin, daß sich aus diesem schon bei Grotius auftauchenden Verständnis des Naturrechts die langsam erstarkte Scheu vor Willkürlichkeit und Rechtsbruch, vor Gewalt und Mißachtung des Menschen, vor Ungesetzlichkeit und „Ungerechtigkeit überhaupt" herleite[30].

Das setzt nun freilich voraus, daß das Naturrecht sich nicht wie in der antiken und mittelalterlichen Lehre auf einige wenige oberste Grundsätze beschränkt. Der Sozialitätsgrundsatz ist nur das oberste Prinzip, aus dem die Fülle aller naturrechtlichen Sätze herzuleiten Pufendorf für die Hauptaufgabe seiner systematischen Schriften hält. So handeln allein sechs Bücher des Jus naturae von den Pflichten gegen die Nebenmenschen[31], und rein äußerlich erweist sich damit schon das Gewicht, das Pufendorf der Regelung des Einzelfalles einräumt.

---

[26] De officio, Praefatio.

[27] Specimen Controversiarum, V, § 22.

[28] Specimen Controversiarum, IV, § 1. Nachdrücklich folgert Pufendorf hier aus der Begründung der Naturrechtserkenntnis in der Vernunft, daß auch die Erkenntnis des obersten Naturrechtsprinzips unabhängig sein müsse von der Religion, von dem besonderen Gottesverständnis, zu dem sich ein Mensch bekenne.

[29] *Wolf,* Rechtsdenker, S. 254; deutlicher noch in der 3. Auflage, S. 252 f.

[30] „... es gab nach 1600 keinen ‚rechtsfreien Raum' des politischen Handelns mehr in der abendländischen Welt", *Wolf,* Rechtsdenker, S. 254; vgl. zu dieser Frage auch *Geiger,* Vorstudien, S. 224 f.

[31] Hier zeigt sich wieder, daß für das rationalistische Naturrecht der zum Ausgangspunkt gewählte Naturzustand der Menschen nichts weiter ist als ein methodischer Ansatzpunkt, um die Vor- und Überstaatlichkeit der natür-

Es gelingt ihm dabei, zeitgemäße Rechtszwecke mit Begründungen zu versehen, die allein aus der Beobachtung seiner Umwelt und den Erfahrungen der Geschichte geschöpft scheinen und daraus ihre Überzeugungskraft gewinnen. Wenn Erik Wolf betont[32], daß Pufendorfs Jus naturae vor allem von Juristen gelesen worden sei, so bestätigt das mit Recht die schon von den Zeitgenossen betonte praktische Seite des Pufendorfschen Naturrechts[33].

In diesem ganzen naturrechtlichen System erscheint nun immer wieder die Kunst rechter Gesetzgebung als ein Hauptanliegen Pufendorfs. Es zeigt sich darin die zentrale Bedeutung, die Pufendorf dem Gesetz überhaupt einräumt. Darum bemüht er sich auch, die verschiedenen Arten der Gesetze deutlich voneinander abzugrenzen. Er unterscheidet in Hinblick auf ihren Ursprung göttliche und menschliche Gesetze, nach ihrem Verhältnis zur Natur des Menschen natürliche und positive[34]. Eine weitere Unterscheidung zwischen natürlichen und positiven Gesetzen folgt aus dem Erkenntnisprinzip: während der Mensch ein natürliches Gesetz allein schon durch die Betrachtung seiner eigenen Natur und mit Hilfe seines angeborenen Verstandes begreifen kann[35], hat ein positives Gesetz mit der menschlichen Natur nichts zu tun. Es entspringt allein dem Willen eines Gesetzgebers („abs solo legislatoris arbitrio proficiscitur")[36], soll freilich trotzdem den Nutzen derjenigen nicht außer acht lassen, die es betrifft[37]. Göttliche Gesetze sind manchmal natürliche, manchmal positive Normen; als Beispiel für eine positive göttliche Norm nennt Pufendorf das Gesetz über die Heiligung des Sabbath, dem Gott im Gegensatz zu den Geboten, die Mord, Diebstahl, Ehebruch verbieten, die Ehrerbietung gegenüber den Eltern fordern, eine Begründung beigegeben hat. Denn jenes war nicht schon wie diese als Grundsatz des Naturrechts allgemein bekannt, als Grundsatz nämlich, der das

---

lichen Rechtsnormen zu erweisen. Die gerade auch von Pufendorf immer wieder bekräftigte subsidiäre Geltung des Naturrechts hinter den staatlichen Gesetzen schöpft ihre Glaubwürdigkeit nicht zuletzt aus der Vorstellung, daß dieses natürliche Recht einmal das einzige war, das die Menschen gekannt haben; vgl. im übrigen auch *Wolf*, Rechtsdenker, S. 346. Bemerkenswert ist, daß Sauter hier einen Widerspruch in der von Pufendorf gegebenen Definition des Naturrechts findet; denn der Mensch hat, wie Sauter meint, im Naturzustand doch keinerlei gesellschaftliche Lebensformen gehabt; vgl. *Sauter*, Grundlagen, S. 135.

[32] *Wolf*, Rechtsdenker, S. 365.

[33] Vgl. *Barbeyrac*, Preface du traducteur, S. CXXII; vgl. ferner auch *Guggenheim*, Vattel, S. XIX, Anm. 17.

[34] Jus naturae, 1, VI, 18.

[35] Jus naturae, 1, VI, 18; vgl. dazu auch oben S. 14.

[36] Elementa, 1, XIII, 13.

[37] Jus naturae, 8, I, 1.

friedliche Zusammenleben der Menschen schützt[38]. Das von Menschen in Kraft gesetzte, erst von Menschen erlassene Gesetz ist immer positiv, oder, wie Pufendorf es auch umschreibt, „lex humana omnis civilis est"[39].

Dieses von Menschen gesetzte Recht unterscheidet sich von der lex naturalis in zweifacher Hinsicht, einmal in Hinblick auf den Geltungsumfang und dann durch seine Geltungskraft. Die Sätze des natürlichen Rechts gelten für alle Menschen, während die menschlichen positiven Gesetze nur in dem Staat Geltung beanspruchen, für den sie erlassen worden sind[40]. Inhaltlich lassen sich vor allem zwei Hauptgruppen der in ihrer Geltung auf einen bestimmten Staat begrenzten leges civiles unterscheiden: Formvorschriften für Verfügungs- und Verpflichtungsgeschäfte, um diesen Geschäften vor Gericht Gültigkeit zu verleihen, und prozessuale Vorschriften, nämlich Verfahrensregeln für die Klage vor Gericht[41].

Die eigentliche Bedeutung der leges civiles zeigt sich aber in Hinblick auf ihre Geltungskraft. Hier wird der Gegensatz zu den leges naturales durch die tatsächliche Geltung im Staat bestimmt: Durchsetzbarkeit durch staatliche Gewalten haben nur diejenigen Gesetze, die vom „summus imperans" erlassen sind und nach denen darum vor staatlichen Gerichten Recht gesprochen wird. Und hier ist der irdische Gesetzgeber keineswegs darauf beschränkt, nur insoweit Gesetze zu erlassen, als sie von den natürlichen Rechtsnormen nicht geregelte Materien betreffen, also im wesentlichen Formvorschriften für Rechtsgeschäfte und prozessuale Regeln. Aufgabe des bürgerlichen Gewalthabers ist es vielmehr, dem natürlichen Recht in der Form von gesetztem Recht tatsächliche Geltung im Staat und damit Durchsetzbarkeit vor seinen Gerichten zu verleihen. So steht den ihrem Ursprung nach bürgerlichen Gesetzen — den leges humanae civiles als bloßen Ordnungsregeln — der große Bereich jener Gesetze gegenüber, die nur in Hinblick auf die hinter ihnen stehende Autorität bürgerliche Gesetze sind, in Wirklichkeit aber naturrechtlichen Inhalt haben.

[38] Jus naturae, 2, III, 20.

[39] Elementa, 1, XIII, 13.

[40] Vgl. hierzu *Welzel*, Naturrechtslehre, S. 56; ferner *Wieacker*, Privatrechtsgeschichte, S. 304 f., und *Sauter*, Grundlagen, S. 136 f. Die Annahme, daß es inhaltlich für alle Menschen und Völker gültige Rechtsnormen gebe, wird gerne als „ahistorisches Dogma" des Naturrechts bezeichnet (vgl. *Welzel*, a. a. O.). Aber im Grunde handelt es sich hierbei um eine Arbeitshypothese so wie etwa bei der Lehre von der Staatsgründung bei Hobbes (vgl. *Wieacker*, a. a. O.).

[41] Jus naturae, 8, I, 1. — Wenn Hommel in seiner 1751 erschienenen Schrift ‚Pro summo jure contra aequitatis defensores' das jus strictum dem jus naturale so entschieden vorzieht, weil die allermeisten Rechtsstreitigkeiten derart seien, daß das Naturrecht sie gar nicht entscheiden könne, denn

Dem Unterschied zwischen lex naturalis und lex civilis entspricht auch der Unterschied in der Verpflichtungskraft. Pufendorf unterscheidet zwischen der obligatio naturalis des natürlichen und der obligatio civilis des staatlichen Gesetzes[42]. Der Gesetzgeber hat zu entscheiden, welchen obligationes naturales er eine „actio in foro humano" gewährt und sie damit durch ein Gesetz zu erzwingbaren obligationes civiles werden läßt, und welche Verpflichtungen allein dem Ehrgefühl und der Redlichkeit der Menschen zu überlassen sind. Deshalb können die von einem menschlichen Gesetzgeber erlassenen Gesetze ihrem Inhalt nach wohl in natürliche und positive Gesetze eingeteilt werden, beiden gemeinsam ist aber, daß sie in Form einer obligatio civilis, also unter dem Siegel der staatlichen Autorität, erscheinen[43]. Folgerichtig kommt deshalb Pufendorf zu dem Schluß: „Unde in civitatibus ob violatas leges naturales, quibus autoritas legis civilis data non est, nemo convenitur, aut punitur poena proprie dicta. Nam talia peccata utique comitantur illa mala, quae poenae naturales solent vocari"[44]. Wer also eine Norm des Naturrechts verletzt, die nicht durch obrigkeitlichen Befehl positive Geltung im Staat erhalten hat, der verletzt auch keine erzwingbare Verpflichtung und kann deshalb nicht vor Gericht belangt oder mit Strafe belegt werden[45].

---

wie solle „das kümmerliche jur (!) naturale" Erbschaften, Kontrakte, Strafen für Delikte, Klagformeln usw. regeln (S. 25, 27), so übersieht er, daß zumindest die frühe Naturrechtslehre keineswegs daran denkt, schlechthin alle Rechtsfragen nach naturrechtlichen Grundsätzen zu lösen. Die Ordnungsvorschriften für die Übertragung von Rechten und die Begründung von klagbaren Verpflichtungen sowie alle prozessualen Regeln sind allein Sache der bürgerlichen Gesetze, die hier Fälle regeln, „quae per jus naturale ac divinum indifferentia sunt relicta" (Jus naturae, 8, I, 1), so daß beim Fehlen entsprechender Vorschriften das Naturrecht nicht einmal subsidiär herangezogen werden kann.

[42] Jus naturae, 3, IV, 6.

[43] „Priori sensu (sc. respectu autoritatis) civiles leges vocari possunt omnes leges, juxta quas in foro civili jus dicitur, ex quacumque demum origine promanent", Jus naturae, 8, I, 1.

[44] Bemerkenswert ist, daß Pufendorf hier die bloße Verletzung des Naturrechts als „peccatum" bezeichnet; das ist ein Vorgang, der auch an verschiedenen anderen Stellen seines Werkes beobachtet werden kann und zum Teil schon eine gewisse Scheidung zwischen peccatum und delictum andeutet. Vgl. dazu unten S. 37 ff.

[45] Jus naturae, 8, I, 1; 3, IV, 6. Besonders klar wird dieser Gedanke in den Elementa ausgesprochen: „Quod si autem aliqua lex naturae per imperium civile vim juris civilis non acceperit, obligat quidem illa homines, sed ita, ut ob eam violatam neque in civitate actio intendatur, nec poena ibidem infligatur, sed soli foro divino et conscientiae istius violatae persecutio relinquatur", Elementa, 1, XIII, 18.

Es ist kein Zufall, daß sich Pufendorf mit den leges civiles im besonderen unter der Kapitelüberschrift „De jure dirigendi actiones civium“ beschäftigt[46]. Dieses Kapitel steht in dem größeren Zusammenhang der Abhandlung über das Wesen der Souveränität[47]. Die Gesetze des irdischen Gewalthabers sind Ausfluß seiner Macht, auf das Verhalten der Staatsbürger einzuwirken und die Richtung ihrer Handlungen zu bestimmen[48]. Der irdische Gesetzgeber entscheidet, welche Delikte schon hier zu bestrafen sind und was dem Strafgericht Gottes zu überlassen ist, und ebenso, für welche obligatio naturalis eine actio in foro civili zu gewähren, für welche sie zu verweigern ist. Über die Gründe, die den Gesetzgeber veranlassen, bestimmten Sätzen des Naturrechts die Kraft bürgerlicher Gesetze beizulegen, sagt Pufendorf in diesem Zusammenhang recht wenig. Es findet sich da nur der Hinweis, daß in allen Staaten jedenfalls solchen Regeln des Naturrechts das Gewicht bürgerlicher Gesetze verliehen wird, deren Befolgung für den inneren Frieden unter den Bürgern schlechthin notwendig ist[49]. Etwas ausführlicher entwickelt Pufendorf diesen Gedanken in der Schrift ‚De officio‘. Dort heißt es: „Der allgemeine Nutzen, das öffentliche Interesse entscheiden darüber, welchen Regeln des Naturrechts in diesem oder jenem Staat das Gewicht bürgerlicher Gesetze beizulegen ist, welchen nicht, durch welche Bestimmungen die Sätze des Naturrechts zu ergänzen und wie (für Gesetzesverletzungen) Strafen aufzuerlegen und zu erlassen sind“[50]. Freilich fungiert das Naturrecht in allen Staaten als ungeschriebenes positives Recht, und zwar auch im Bereich des Strafrechts[51], sofern das positive Recht Lücken aufweist[52].

Dieser unverkennbar positiv-rechtliche Charakter der Naturgesetze beruht darauf, daß Pufendorf in ihnen echte Rechtsnormen sieht. Sie leiten ihre verpflichtende Kraft aus dem Befehl Gottes her und stellen Rechtsgebote dar, zu deren Befolgung uns Gott durch seine Allmacht und seine unbegrenzte Strafgewalt anhalten kann. So definiert Pufendorf auch „Gesetz“ als Gebot, durch das ein Höherer die ihm Unter-

---

[46] Jus naturae, 8, I.

[47] Jus naturae, 7.

[48] Das folgende Kapitel ist überschrieben „De potestate summi imperii in vitam civium ex occasione defendendae civitatis“, das 3. Kapitel des 8. Buches trägt den Titel „De potestate summi imperii in vitam ac bona civium ex causa delicti“ und enthält einen wesentlichen Teil der Pufendorfschen Strafrechtslehre.

[49] Jus naturae, 8, I, 1.

[50] De officio, 1, XIII, 18.

[51] Jus naturae, 8, III, 16.

[52] „... ubi lex civilis deficit, ad naturalem rationem recurritur, adeoque in omnibus civitatibus defectum legum civilium jus naturae supplet“, Jus naturae, 8, I, 1.

gebenen verpflichte, ihre Handlungen nach seinen Vorschriften auszuführen; es heiße „Gebot", weil es nicht innerhalb des Geistes und Willens des Gebietenden bleibe, sondern den Untergebenen auf irgendeine Weise kund werde; ob diese Kenntnisnahme durch Wort oder Schrift oder durch die innere Eingebung der Vernunft erfolgte, sei dabei gleichgültig[53]. So würden die Naturrechtssätze „perfectam vim obligandi hominem" haben, selbst wenn sie Gott niemals offenbart hätte. Denn keine besondere Offenbarung sei erforderlich gewesen, um die Menschen dem höchsten Willen zu unterwerfen. So hätten auch diejenigen gegen das Naturrecht verstoßen („in legem naturae pecasse"), denen die Heilige Schrift nicht bekannt gewesen sei. Das wäre aber undenkbar, wenn das natürliche Recht seine verpflichtende Macht nur „ex promulgatione per Scripturas" gewinnen könnte[54]. Immer sei der Verstand des Menschen das entscheidende Hilfsmittel, das durch richtigen Gebrauch („rite usurpato") notwendig zur rechten Erkenntnis des Naturrechts führe. Deshalb lehnt Pufendorf auch die uns heute so viel näher liegende Auffassung ab, die Hobbes im dritten Kapitel seines ‚De cive' vertritt: „Naturrechtssätze sind nichts anderes als gewisse Schlußfolgerungen des Verstandes daraus, daß bestimmte Dinge zu tun, andere zu unterlassen sind". Pufendorf glaubt demgegenüber an die Gesetzeskraft aller Naturrechtssätze. Denn so wie alles positive Recht eben nur Recht sei, wenn es wirken könne, das heißt, die Kraft habe, sich durchzusetzen, so erfüllten die Naturrechtssätze ihr Wesen nur, weil ihre Geltung durch die Allmacht Gottes, durch seine Strafgewalt und durch die Furcht, die Gewissensangst der Menschen vor ihr garantiert sei[55]. Damit erhalten die Sätze des Naturrechts in Pufendorfs System freilich eine ganz außerordentliche tatsächliche Wirksamkeit.

Es zeigt sich, daß Pufendorf die Gesetze, die das Handeln des Menschen bestimmen, nach verschiedenen Gesichtspunkten deutlich voneinander unterscheidet. Als wesentliches Ergebnis dabei kann gelten, daß das von Menschen gesetzte Recht zwar nur einen kleinen Bereich vorfindet, der durch das natürliche Recht noch nicht geregelt ist, nämlich die Materie der Form- und Verfahrensvorschriften, aber daß die eigentliche Bedeutung der leges civiles in Wirklichkeit weit darüber hinausgeht. Ihre eigentliche Aufgabe ist es, den natürlichen Gesetzen tatsächliche Geltung im Staate und Anerkennung vor dem irdischen Richter zu verschaffen; denn nur nach bürgerlichen Gesetzen wird vor den staatlichen Gerichten Recht gesprochen, nur bürgerliche

---

[53] Jus naturae, 1, VI, 4; 2, III, 20: „... modus autem legem promulgandi ad ipsius substantiam intrinsecam nihil pertinet".

[54] Jus naturae, 2, III, 20.

[55] Jus naturae, 1, VI, 8 f.; 2, III, 21.

Gesetze begründen klagbare Verpflichtungen[56]. Wohl schränkt Pufendorf diesen Grundsatz dadurch wieder ein, daß er die Naturrechtssätze für echte Rechtsnormen hält, die wie ein ungeschriebenes positives Recht die Lücken des von Menschen gesetzten Rechts auch im Bereich des Strafrechts in allen Staaten ausfüllen[57]. Aber dabei darf nicht verkannt werden, daß die Naturrechtssätze unmittelbar nur subsidiär gelten, während es gerade Zweck der bürgerlichen Gesetze ist, den Naturrechtssätzen mittelbare Geltung im Staate zu verschaffen. Dieser eigentlichen Bedeutung der bürgerlichen Gesetze entspricht es auch, daß Pufendorf sich sehr eingehend mit ihnen beschäftigt und dabei insbesondere immer wieder die Frage erörtert: Wie muß ein von einem bürgerlichen Gewalthaber erlassenes Gesetz beschaffen sein, damit es seinen Zweck, Durchsetzung der natürlichen Gesetze, erfüllen kann?

Jedes vollkommene Gesetz hat aus zwei Teilen zu bestehen: „Per unam (sc. partem) definitur, quid faciendum, quidve ommittendum, per alteram significatur, quod nam malum praeceptum intermittenti, et interdictum facienti sit propositum: eaque pars solet vocari sanctio"[58]. — Das Gesetz soll befolgt werden; darum legt Pufendorf auf zwei Dinge großes Gewicht: Zunächst muß der Inhalt des Gesetzes richtig verstanden werden; deshalb ist es Pflicht des Gesetzgebers, „quanta fieri potest perspicuitate uti"[59], also so deutlich wie möglich zu sein. Und zweitens ist die Androhung der Strafe entscheidend. Pufendorf sagt darüber: „Die natürliche Freiheit des menschlichen Willens wird durch moralische Fesseln nicht zerstört, und die Wankelmütigkeit und Schwäche der weitaus meisten Menschen ist so groß, daß sie ohne weiteres über diese innere Bindung des Willens an naturrechtliche Verpflichtungen triumphiert. Deshalb ist zur Kontrolle der menschlichen Leidenschaften ein stärkerer Zwang notwendig als das Schamgefühl und das Gewissen; das gilt um so mehr, als die meisten Menschen dazu neigen, andere zu verletzen ... Die Angst vor Strafe ist es, die besser als irgendetwas sonst diesen Zwang auf den schwachen Menschen ausüben kann"[60]. Skeptisch steht Pufendorf dagegen der Frage gegenüber, ob der Gesetzgeber die Befolgung seiner Gesetze auch durch Belohnungen sichern könne: „Ich glaube aber, daß die Menschen mehr durch die Zufügung eines Übels als durch den Besitz von Gütern beeindruckt werden. Deshalb hat der

---

[56] Vgl. hierzu auch Pufendorfs Bedenken hinsichtlich der Eindeutigkeit der Bezeichnung „jus civile", Jus naturae, 8, I, 1.

[57] Jus naturae, 8, III, 16.

[58] Jus naturae, 1, VI, 14.

[59] Jus naturae, 1, VI, 13.

[60] Jus naturae, 1, VI, 12.

bürgerliche Gewalthaber Grund genug, seine Gesetze lieber mit einer Strafdrohung als mit einer Belohnung zu versehen"[61].

Die Strafdrohung ist also wesentliches Element eines jeden von einem irdischen Herrscher erlassenen Gesetzes. Demnach sind alle staatlichen Gesetze für Pufendorf materiell Strafgesetze.

2. *Pufendorfs Straftheorie und ihre Auswirkung auf die ‚Gesetzlichkeit' des Strafrechts*

Die Strafe, deren Definition Pufendorf von Grotius übernimmt[62], findet so ihre Rechtfertigung einfach in der Tatsache, daß ohne sie ein geordnetes Zusammenleben der Menschen im Staat nicht möglich wäre. Deshalb befaßt sich Pufendorf auch sehr gründlich mit der Strafgewalt des Staates und den von ihm sehr konkret verstandenen Beziehungen zwischen Strafe und Staatswohl[63]. Nirgends erscheint ihm die Strafe als Ausdruck einer absoluten Gerechtigkeit, vielmehr ist es ihr Zweck, die Achtung vor dem Gesetz aufrechtzuerhalten, so wie auch Gott die Wirksamkeit seiner Gebote durch seine unbegrenzte Strafmacht sichert. Aus diesem Grunde ist für Pufendorf der in jedem Staate mögliche Konflikt zwischen dem Staatswohl und den Forderungen der Gerechtigkeit kein echtes Problem. Die Strafgesetze sind unbeachtet zu lassen, wenn ein Verbrechen so allgemein geworden ist, daß dessen Bestrafung das ganze Land entvölkern würde, und einem tüchtigen Feldherrn ist die Todesstrafe zu erlassen, wenn man ihn im Kriege dringend braucht[64]. Es ist selbstverständlich, daß Pufendorf unter dem Blickwinkel dieser relativen Straftheorie genauso wie Grotius[65] die Idee der Wiedervergeltung entschieden ablehnt. Gibt auch die Tat den Anknüpfungspunkt für die Strafe, so doch nur um eines künftigen Nutzens willen. Der Verhütung künftigen Unrechts dient aber schon die bloße Androhung der Strafe im Gesetz.

Unverkennbar sind hier Ansätze zur Lehre vom psychologischen Zwang vorhanden, und Pufendorf legt auch auf den psychischen Vorgang der Willensentscheidung im Angesicht der Strafdrohung großes Gewicht: „Caeterum cogere dicuntur legislatores, ut tales moraliter, non quod per violentiam aliquam naturalem ita constringant hominem, ut diversum nullo modo facere queat; sed quod intentata, et repraesentata peccantibus poena efficiant, ut nemo facile velle possit contra legem facere, eo quod propter imminentem poenam

[61] Jus naturae, 1, VI, 14.

[62] Vgl. dazu näher *Welzel,* Naturrechtslehre, S. 94.

[63] Vgl. Jus naturae, 8, III, 6, 17, 23 f.

[64] Jus naturae, 8, III, 23.

[65] *Grotius,* Jus belli ac pacis, 2, XX, 5.

legi parere, quam eandem violare praestabilius sit"[66]. Ein vollkommenes Gesetz darf deshalb niemals auf die Sanktion verzichten und dient gerade dadurch, daß es gewichtige Gegenmotive in der Brust des noch unschlüssigen Täters hervorruft, schon dem Staatswohl und erfüllt so den Zweck der Strafe in allen Fällen, in denen das Gesetz schließlich auch unverletzt bleibt.

Es geht also um die Frage, welchen Beitrag diese Lehre vom Gewicht der Strafandrohung zur allmählichen Entwicklung einer strengen ‚Gesetzlichkeit' des Strafrechts leisten konnte. Denn „vom Standpunkt der Straftheorien aus läßt sich mindestens klar entscheiden, daß für alle Straftheorien, welche auf der Strafandrohung aufbauen, das Analogieverbot conditio sine qua non ist ..."[67]. Dieser Gedanke Henricis trifft den Kern des Problems, aber er schöpft die Bedeutung einer Strafandrohungstheorie nicht annähernd aus. Sie führt nämlich nicht nur zum Ausschluß von Analogie und Rückwirkung — diese sind schon vom Begriff her unmöglich und bei Pufendorf übrigens schon deshalb undenkbar, weil Lücken des positiven Strafrechts vom subsidiär geltenden Naturrecht ausgefüllt werden —, sondern sie führt auch zu einer mehr oder weniger starken Beschränkung der richterlichen Auslegungsbefugnis und verlangt vom Gesetz selbst Klarheit und einprägsame Verständlichkeit, das heißt, sie erfordert zunächst einmal Schriftlichkeit des Gesetzes. So setzt Pufendorf auch wirklich leges civiles und jus scriptum einfach gleich[68]. Der Bürger soll nicht nur wissen, daß ihn eine bestimmte Strafe erwartet, zuerst muß er wissen, wann er mit Strafe zu rechnen hat. Bei den Sätzen des Kernstrafrechts erscheint dieser Schluß freilich nicht zwingend, doch es darf nicht verkannt werden, welche Bedeutung eine zumindest teilweise auf die Strafandrohung ausgerichtete Theorie in einer Zeit reinen Juristenrechts haben muß[69]. Sie stellt gegenüber dem Vorrang des lateinischen oder mit lateinischen Formulierungen durchsetzten Gutachtens einer hohen Fakultät und dem nicht minder gelehrten Urteil des Richters[70] die Hinwendung zum

---

[66] Jus naturae, 1, VI, 14; vgl. auch 8, III, 3.

[67] „... dies betrifft die Generalpräventionstheorien (soweit sie die generalpräventive Wirkung nicht im ‚Strafvollzug am Demonstrationsobjekt' sehen) und die Strafanspruchstheorien", *Henrici*, Begründung, S. 105.

[68] „Heic igitur sciendum, si qua civitas jure scripto non utitur, loco legum civilium esse leges naturales, juxta quas jus ibi dicitur ...", Jus naturae, 8, III, 16.

[69] Vgl. dazu die umfassende Arbeit von *Hegler*, Thätigkeit, und die treffende Schilderung der Strafrechtspflege noch in der Mitte des 18. Jahrhunderts, wie sie *Engelhard* uns gibt, s. oben, S. 5, Anm. 22.

[70] Vgl. die Beispiele bei *Hegler*, Thätigkeit, und bei *Struvius*, Observationes.

Gesetzesrecht dar. Das heißt aber, sie verlangt schon eine Formulierung des Gesetzes, die an der späteren Entscheidung des Richters keinen Zweifel läßt, die also eine erst durch Gutachten und Auslegung zu bestimmende Umschreibung des Tatbestandes bereits vorausnimmt. Auslegung kann dann nur noch bedeuten Überwindung der jedem menschlichen Gesetz notwendig anhaftenden Unvollkommenheit durch die Grundsätze des Naturrechts, die allen Menschen einleuchten und aus wenigen fundamentalen Sätzen herzuleiten sind. Darum kann Pufendorf „klare und knapp gefaßte Gesetze" fordern, die „schriftlich niedergelegt sein" müssen und die nur das enthalten sollen, „was zum Wohl des Staates und der Bürger unbedingt erforderlich ist; denn die Menschen pflegen ihr Tun und Lassen mehr nach der Vernunft als nach den Gesetzen zu überlegen; wo es darum viele und schwer im Gedächtnis zu behaltende Gesetze gibt, die verbieten, was die Vernunft an sich erlaubt, da müssen die Bürger notwendig aus Unkenntnis und ohne böse Absicht den Gesetzen wie Schlingen verfallen"[71].

Es ist erstaunlich, wie sich diese Pufendorfsche Forderung an den Gesetzgeber nach größtmöglicher Deutlichkeit und Verständlichkeit des Gesetzes[72] mit jenen Anforderungen deckt, die fast hundert Jahre später Hommel aufgestellt hat: „Die Gesetze sollen ‚möglichst kurz und in reinem Deutsch, ohne die häßliche Einstreuung lateinischer, griechischer, französischer und italienischer Wörter geschrieben sein'", oder an anderer Stelle: „Quo brevior novus Codex futurus sit, eo excellentior, eo mirabilior. Innumera vero juris capita ad exiguum numerum redigi possunt, si omnia ad principia sua et paucas regulas, ex quibus deinde caetera prono ab eo fluant, redigantur"[73]. Mag Hommels Forderung schon wenig originell klingen gegenüber den Vorschlägen Montesquieus[74], sie ist, wenn nicht wörtlich so doch dem Sinn nach, vorweggenommen in Pufendorfs Werk.

Es ist kein Zufall, daß die großen Kodifikationen des 18. Jahrhunderts neben dem Analogieverbot auch das Auslegungsverbot kennen. Das tiefe Mißtrauen des aufgeklärten Absolutismus gegenüber der juristischen — nicht nur der richterlichen — Auslegungskunst schlechthin hat seine Wurzel in der lebendigen Anschauung jenes Juristenrechts, das durch die weite Entfernung vom Text der Carolina und noch durch die Autorität Carpzovs gekennzeichnet wird. Der Fürst, der seine Untertanen in der Richtung leiten will, die ihm das jeweils verfolgte Ziel seiner Regierung weist, braucht Gesetze, die für

---

[71] Jus naturae, 7, IX, 5; die Übersetzung dieser Stelle ist übernommen von *Welzel*, Naturrechtslehre, S. 79 f.

[72] Jus naturae, 1, VI, 13.

[73] Zitiert nach *v. Zahn*, Hommel, S. 94 f.

[74] Vgl. dazu *v. Zahn*, Hommel, S. 96.

den Bürger schließlich nichts anderes sind als eine Verknüpfung von Ursache und Wirkung in so klarer und unmißverständlicher Form, daß jedermann wie durch ein einfaches Rechenexempel die Reaktion der staatlichen Macht seinem Verhalten gegenüber vorherberechnen kann. So ist es auch hier nicht das Ziel, wohl aber die Folge der Gesetzgebungstechnik des Absolutismus, daß sich der Bürger vor überalterten und schwer verständlichen Gesetzen geschützt sieht[75]. Je mehr das positive Gesetz zum Hilfsmittel in der Hand des Landesherrn wird, ganz konkrete, oft wechselnde Ziele zum Wohle des Staates anzustreben, um so klarer muß der Wortlaut des Gesetzes, um so stärker die Bindung des untergeordneten Richters an das Gesetz und um so gefährlicher in den Augen des Fürsten die wissenschaftliche Behandlung und Auslegung des Gesetzes sein[76]. Noch 1796 spricht Klein von der „gefährlichen richterlichen Willkühr", die es durch das Gesetz einzuschränken gelte[77]. Aus diesem Bestreben heraus ist auch der Versuch des Gesetzgebers zu verstehen, „jeden auch nur entfernt denkbaren Lebensvorgang im Gesetz selbst ausdrücklich zu erfassen, um richterlicher Auslegung vorzubeugen"[78].

Es wäre nun freilich verfehlt, der Strafdrohung in Pufendorfs System jene ausschließliche Bedeutung zuzuschreiben, die sie später bei Feuerbach hat. Denn die eigentliche Funktion der Strafe liegt für Pufendorf nicht allein in ihrer Androhung, sondern gerade auch in der wirklichen Verhängung[79]. Deshalb erörtert er auch so gründlich die Mittel, die den Strafzweck erreichen sollen, indem sie entweder den Täter bessern oder die übrigen abschrecken oder den Täter daran hindern, weitere Straftaten zu begehen[80]. Wichtig sind Pufendorf insbesondere die mit der Strafzumessung zusammenhängenden Fragen; er faßt sie in dem Grundsatz zusammen: „Es gibt vor menschlichen Richtern keine Strafgerechtigkeit, nach der bei bestimmten Delikten ein ganz bestimmtes, von Natur aus festgelegtes Strafmaß auferlegt

---

[75] Vgl. oben S. 5 f.

[76] Vgl. z. B. zum Allgemeinen Landrecht *Wieacker*, Privatrechtsgeschichte, S. 329 ff.

[77] *Klein*, Grundsätze, § 49.

[78] *Maurach*, Strafrecht, S. 80 (§ 9 A).

[79] Die zahlreichen Abhandlungen zur Entwicklungsgeschichte des Feuerbachschen Satzes gehen fast ausnahmslos von dem bei Feuerbach erreichten Endpunkt dieser Entwicklung aus und bewerten gleichsam rückblickend die Bedeutung der Juristen des 17. und 18. Jahrhunderts nur nach ihrem Beitrag zur Feuerbachschen Straftheorie, die tatsächlich in erster Linie durch die Lehre vom psychologischen Zwang zur völligen Anerkennung des Grundsatzes nulla poena sine lege geführt hat (vgl. *Elvers*, Bedeutung, S. 19 f.; *Schottlaender*, Entwicklung, S. 46; *Hennings*, Entstehungsgeschichte, S. 87 f.).

[80] Vgl. Jus naturae, 8, III, 9—12.

werden müsse; vielmehr ist das wahre Maß menschlicher Strafen der Nutzen des Staates; und wie sich die Strafzwecke am besten erreichen lassen, so sind die Strafen durch die Klugheit des Herrschers zu schärfen oder zu mildern. Die Strafe ist zu hart, wo ihr Zweck durch gelindere Mittel erreicht werden kann; zu milde, wo sie nicht genügend Kraft hat, ihren Zweck zu erreichen"[81].

3. Der gesetzliche Tatbestand im Strafgesetz

Die außerordentliche Bedeutung, die Pufendorf dem Staatswohl einräumt, zeigt sich einmal in unmittelbarem Zusammenhang mit der Frage, welchen Sätzen des Naturrechts der Gesetzgeber das Gewicht staatlicher Gesetze beilegen und damit den Schutz der staatlichen Strafgewalt zuerkennen soll[82]. Es spielt ferner eine entscheidende Rolle bei der Frage des Strafmaßes — sowohl bei der generellen Festsetzung im Gesetz wie auch bei der Strafzumessung im einzelnen Fall[83] — und bestimmt auch, wie das in jedem Gesetz enthaltene Gebot oder Verbot zu formulieren ist. Damit das Gesetz befolgt wird, hat der Gesetzgeber neben der Androhung einer Strafe „quanta fieri potest, perspicuitate uti"[84]. Was versteht nun Pufendorf unter diesem „Höchstmaß an Genauigkeit und Klarheit" des Gesetzes? Insbesondere interessieren an dieser Stelle die Sätze des Kernstrafrechts. Es geht um die Frage, ob sich Pufendorf generell mit der bloßen Täterbezeichnung im Gesetz begnügt oder ob er eine Tatumschreibung verlangt, nämlich die gesetzliche Fixierung eines bestimmten typischen Verbrechensbildes.

In dieser zugespitzten Form beschäftigt Pufendorf die Frage nirgends, auch nicht im Rahmen seiner Abhandlung über das Strafrecht. Aber einen gewissen Aufschluß über dieses Problem vermag seine Darstellung des Verhältnisses von positivem und natürlichem Recht zu geben. Dort taucht nämlich für Pufendorf jene Schwierigkeit auf, die vor ihm schon Grotius und nach ihm noch die ganze Naturrechtslehre zur Auseinandersetzung genötigt hat, die Frage, ob ein positives Gesetz dem Naturrecht widersprechen kann und wie ein solcher Konflikt zu lösen ist[85]. Zur Verdeutlichung dieser Problematik stellt Pufendorf die Frage: „An lex civilis possit repugnare legi

---

[81] Jus naturae, 8, III, 24; der Wortlaut dieser Übersetzung stammt von *Welzel*, Naturrechtslehre, S. 95.

[82] Vgl. oben S. 19.

[83] Vgl. oben S. 25 f.

[84] Jus naturae, 1, VI, 13.

[85] Pufendorf löst diesen Konflikt schließlich auf denkbar einfache Weise, indem er das vom Naturrecht abweichende menschliche Gesetz als bloße Erlaubnis versteht; vgl. dazu das folgende Kapitel.

naturali?" und „An eadem crimina pro lubitu definire possit?"[86]. „Crimina definire" kann hier nur so viel bedeuten wie „eine Tatumschreibung für Verbrechen geben", denn nur wenn wir den Satz „an lex civilis crimina pro lubitu definire possit?" übersetzen mit: „Kann das staatliche Gesetz beliebige, das heißt, vom Naturrecht abweichende Tatumschreibungen für Verbrechen geben?", nur dann kann jenes Problem auftauchen, das Pufendorf hier erörtern will. Sagt das Strafgesetz nämlich schlicht: „Der Dieb" oder „Der Diebstahl soll mit dieser oder mit jener Strafe belegt werden", so ist eine Diskrepanz zwischen diesem Gesetz und dem naturrechtlichen Gebot, das das Stehlen verbietet, nicht denkbar.

Pufendorf nimmt hier eine Auseinandersetzung mit Hobbes zum Anlaß, unter diesem besonderen Gesichtspunkt das Verhältnis zwischen Naturrecht und positivem Gesetz darzulegen. Hobbes sage: „Diebstahl, Mord, Ehebruch und alle Rechtsverletzungen werden durch das Naturrecht verboten; aber was in einem Staate Diebstahl genannt wird, was Mord, Ehebruch, Unrecht, das bestimmt nicht das Naturrecht, sondern das Gesetz der einzelnen Staaten. Nicht jede Wegnahme einer Sache aus fremdem Gewahrsam ist Diebstahl, sondern nur, wenn die Sache auch einem anderen gehört; aber was mir, was einem anderen gehört, das ist eine Frage, die allein das bürgerliche Recht betrifft. In gleicher Weise ist auch nicht jede Tötung eines Menschen Mord, sondern nur die Tötung, die das bürgerliche Gesetz verbietet... Schließlich ist auch nur der Bruch eines rechtmäßigen Versprechens Unrecht; wo das Gesetz den Abschluß eines Vertrages nicht gestattet, da kann auch kein Vertrag gebrochen und somit kein Unrecht begangen werden. Welche Verträge erlaubt, welche verboten sind, das hängt allein von den bürgerlichen Gesetzen ab"[87].

Diesen Ausführungen hält Pufendorf nun entgegen: „Wir, die wir die Heilige Schrift verehren, wissen aus den Gesetzen, die Gott den Juden gab und auch aus anderer göttlicher Offenbarung bei vielen Verbrechen, wie Gott, der Schöpfer des Naturrechts, sie ‚definiert' haben will (... de multis... criminibus constare posse, quomodo Deus autor legis naturalis eadem definiri velit)"[88]. „Selbst wenn ein Staat bestimmte Handlungen von der Kennzeichnung als Verbrechen ausnimmt, so verstoßen diese Handlungen trotzdem gegen das göttliche Gesetz. Auch ist kein hinreichender Grund ersichtlich, weshalb jene Handlungen im göttlichen Gesetz (sc. im Gesetz der Juden) nicht solche Definitionen von Gott erhalten haben sollten, wie sie auch bei den übrigen Völkern anerkannt werden könnten"[89].

---

[86] Jus naturae, 8, I, Überschriften des 2. und 3. Abschnitts.
[87] *Hobbes*, De cive, 6, XVI.
[88] Jus naturae, 8, I, 3.
[89] ebenda.

Auffallend ist hier zunächst, daß Pufendorf für die Umschreibung des Verbrechensbildes im einzelnen nicht auf die Erkenntnis des Naturrechts zurückgreift, wie sie sich dem Verstand erschließt, sondern unmittelbar auf die Heilige Schrift und das Gesetz der Juden. Daß er in erster Linie die Sätze des Kernstrafrechts meint, zeigen nicht nur die Beispiele bei Hobbes, mit denen sich Pufendorf auseinandersetzt; vielmehr wird das schon daran deutlich, daß er von jenen Definitionen im mosaischen Gesetz spricht, die auch außerhalb des jüdischen Volkes Geltung haben müßten. Kennzeichnend ist der Rückgriff auf ein Gesetzgebungswerk, das in stärkerer Weise als irgendein irdisches Gesetz sonst durch den unmittelbar von Gott selbst stammenden Wortlaut geprägt zu sein scheint. So bietet das Gesetz der Juden ein ausführliches Beispiel für die Definitionen verbrecherischer Handlungen, wie sie jedem Strafgesetzgebungswerk der Welt nach Pufendorfs Vorstellung zugrunde gelegt werden könnten. Aber Pufendorf fürchtet auch nicht den Einwand, daß das mosaische Gesetz als jus positivum allein die Juden verpflichtet und mit dem Ende des jüdischen Reiches seine Verpflichtungskraft verloren habe: „Deinde si quis contendere velit, definitiones certorum actuum in sacris literis traditas ad populi Judaici rempublicam duntaxat pertinere et sic juris esse positivi; is tamen hoc saltem concedere cogitur; definitiones actuum lege naturae interdictorum ita esse formandas per leges civiles, ut ne intentio et finis legis naturalis in irritum cadat, qui est, ut honesta et pacifica societas inter homines conservetur". Deshalb kann Pufendorf nun auch — jetzt ohne Blick auf das jüdische Gesetz — folgern: „Wenn irgendeine Definition im bürgerlichen Gesetz diesem Zweck widerspricht" — nämlich „honesta et pacifica societas inter homines conservare" —, „so muß sie notwendig auch dem Naturrecht widersprechen. Wollte zum Beispiel jemand Ehebruch definieren (si quis adulterium vellet definire . . .) als ‚Geschlechtsverkehr mit einer verheirateten Frau gegen ihren Willen' oder Diebstahl als ‚Wegnahme einer Sache bei Nacht' oder Mord als ‚Tötung eines Menschen durch offene Gewalt', so kann kein Zweifel bestehen, daß ein solcher Vorgang den Frieden im Staate vernichten müßte"[90].

Pufendorf zitiert anschließend zwei Reiseberichte, in denen von den Tataren die Rede ist. In dem ersten Bericht heißt es: „Gerechtigkeit findet man bei den Tataren nicht. Wenn dort jemand irgendetwas braucht, so nimmt er es sich, ohne Strafe befürchten zu müssen, von einem anderen. Wenn sich nun jemand vor dem Richter beklagt, weil ihm Gewalt und Unrecht geschehen sei, so leugnet der Beschuldigte die Tat nicht, sondern er sagt nur, daß er ohne diese Sache nicht auskommen könne. Dann wird der Richter seine Entscheidung fällen und

---

[90] Jus naturae, 8, I, 3.

zu dem Kläger sagen: ,Wenn Du in die Lage kommst, daß Du etwas brauchst, so nimm es Dir von anderen'". Und der zweite Bericht lautet: „Die Tataren teilen ihr Mahl gerne mit Fremden, aber sie erwarten, daß man sie genauso behandelt. Tut man es nicht, so nehmen sie sich ihren Teil mit Gewalt". Dazu sagt Pufendorf: „Nach der Definition der Tataren ist es also Diebstahl, wenn jemand einem anderen eine Sache wegnimmt, die er selbst nicht braucht"[91].

Aus diesen Sätzen wird deutlich, in welchem Maße Pufendorf tatsächlich vom „crimina definire" im Strafgesetz ausgeht, von der Beschreibung der Tat und nicht von der bloßen Täterbezeichnung im Gesetz. Das Naturrecht gibt nicht, was durchaus denkbar wäre, nur eine Auslegungsregel, mit deren Hilfe der Richter aus der Täterbezeichnung des Strafgesetzes bei der Anwendung im Einzelfall erst eine Tatumschreibung gewinnt, sondern das Naturrecht bestimmt schon, mit welchen Formulierungen das Verbrechensbild im Strafgesetz so zu umschreiben ist, daß es dem Naturrecht entspricht. Das erläutert Pufendorf zudem gerade an jenen Delikten, für die in seiner Zeit die Täterbezeichnung noch allgemein üblich war, nämlich am Diebstahl und Raub.

4. Die vom Naturrecht abweichende Verbrechensdefinition im Strafgesetz

An anderer Stelle noch taucht für Pufendorf das Problem einer Definition des Verbrechensbildes im Strafgesetz auf. Pufendorf sieht sich nämlich vor die Frage gestellt, ob auch die vom Naturrecht abweichende Definition eines Verbrechens im positiven Gesetz mit dem System des in sich vernünftigen und widerspruchsfreien natürlichen Rechts in Übereinstimmung zu bringen sei. Er unterscheidet deshalb zwischen dem, was das bürgerliche Gesetz befiehlt, und dem, was es bloß erlaubt, das heißt, was es nicht unter Androhung einer Strafe verbietet[92]. Damit öffnet Pufendorf den Weg zu der Folgerung, daß ein Verbot des natürlichen Rechts und eine Erlaubnis des positiven Gesetzes sich nicht zu widersprechen brauchen. Denn die Erlaubnis des irdischen Gesetzes bewirkt nicht, daß eine bestimmte Handlung nicht doch das Naturrecht verletzt oder daß sie vor Gott nicht als Sünde gilt[93], sie bestimmt lediglich, daß durch die Macht des irdischen Ge-

---

[91] Jus naturae, 8, I, 3.

[92] „Denique accurate est distinguendum inter id, quod legibus civilibus praecipitur, et quod iisdem permittitur duntaxat, sed non prohibetur sancita poena, in foro civili infligenda", Jus naturae, 8, I, 3.

[93] Jus naturae, 8, I, 3; ähnlich Elementa, 1, XIII, 21.

walthabers nicht gehindert sein soll, wer diese Handlung ausführen will, daß er keine Strafe gewärtigen muß vor einem irdischen Gericht und daß dieser Handlung im Staate dieselbe Wirkung zukommt wie jeder anderen, die dem Naturrecht entspricht[94]. Die Abgrenzung zwischen einem Gebot und der bloßen Erlaubnis des positiven Gesetzes findet sich schon in den Elementa jurisprudentiae; den Passus: „... de multis sane criminibus lege naturae prohibitis constare potest, quanam ratione Deus autor naturae ea definiri velit; adeo ut licet de facto civitas quasdam actiones ab istius criminis nota exceperit, ex nihilo secius legi divinae adversentur“[95], hat Pufendorf fast wörtlich in sein Hauptwerk übernommen[96], wo er die ‚exceptio actionum quarundam ab istius criminis nota‘ ausführlich behandelt.

Auch Grotius geht auf die Frage ein, ob gesetztes Recht dem Naturrecht widersprechen dürfe; dabei unterscheidet auch er zwischen Gebot und Erlaubnis. Aber er streift dabei die entscheidende Frage, nämlich die vom Naturrecht abweichende Erlaubnis, nur kurz[97]. Pufendorf dagegen ist ausführlicher; er schiebt insbesondere in den Vordergrund, daß er eine Diskrepanz zwischen Naturrecht und positivem Gesetz auf wenige Fälle beschränkt wissen will: „Aber daß die staatliche Gewalt solche Dinge (sc. Verletzungen des Naturrechts) mit Fug und Recht (recte) erlauben mag, und das nicht nur durch bloß stillschweigende Duldung, sondern durch ausdrückliche Bestätigung in den bürgerlichen Gesetzen, das wage ich nicht zu behaupten; denn dadurch werden die Bürger geradezu eingeladen zu Handlungen, die das Naturrecht verletzen“[98]. Er hält eine solche Praxis des Gesetzgebers nur dort für vertretbar, wo es „conditio temporum et genius populi“ nicht anders zulassen[99]. Bezeichnend sind die Beispiele, die Pufendorf wählt: Es sind die schon einmal genannten Gesetze der Tataren, die dem Dieb Straflosigkeit zusichern[100], und ähnliche Gesetze bei den Spartanern und Kolchern. In allen diesen Fällen geben die Gesetze nicht etwa den Befehl, andere zu berauben, noch hindern sie den Eigentümer, sein Gut zu verteidigen, sie legen nur fest, daß es sich hier um eine rechtmäßige Art des Eigentumserwerbes handelt[101].

---

[94] Jus naturae, 8, I, 3. Auch diese Stelle kann als Beweis dafür gelten, daß Pufendorf schon lange vor Thomasius eine Trennung zwischen Legalität und Moralität durchgeführt hat (vgl. dazu *Welzel,* Naturrechtslehre, S. 54 f.).

[95] Elementa, 1, XIII, 6.

[96] Jus naturae, 8, I, 3.

[97] *Grotius,* Jus belli ac pacis, 1, I, 18.

[98] Jus naturae, 8, I, 3.

[99] ebenda.

[100] Vgl. oben S. 28.

[101] Jus naturae, 8, I, 3.

Pufendorf unterscheidet hier — nicht anders übrigens als vor ihm schon Grotius[102] — zwischen der vollen Erlaubnis, die ein Recht gibt, etwas zulässigerweise zu tun, und jener anderen Erlaubnis, die nur Straflosigkeit zusichert[103]. Aber Pufendorf wendet sich nur der zweiten Art von Erlaubnis zu und stellt sie dem positiven Befehl des irdischen Gesetzgebers und dem Verbot des natürlichen Rechts gegenüber. Er geht davon aus, daß an dem Widerspruch der Erlaubnis zum Naturrecht kein Zweifel besteht, so daß für ihn die Frage nach einer dem Naturrecht entsprechenden Auslegung überhaupt nicht auftaucht.

Diese Erörterungen Pufendorfs sind in Zusammenhang mit der Rolle zu sehen, die er den Sätzen des Naturrechts gegenüber den Bestimmungen des positiven Gesetzes zuweist. In allen Staaten füllen die Sätze des Naturrechts die Lücken des positiven Gesetzes aus. Das gilt für Pufendorf auch und gerade im Strafrecht, weil, wie Pufendorf an anderer Stelle sagt, der irdische Gesetzgeber nicht alle die Formen, in denen sich die menschliche Bosheit äußern kann, in seinem Gesetz zu erfassen vermag[104]. Sofern aber der Gesetzgeber im Sinne der oben gezeigten Beispiele Verbrechen abweichend vom Naturrecht definiert oder bestimmte Verbrechen ganz straflos läßt, entsteht keine Lücke, die das Naturrecht ausfüllen könnte, sondern diese Fälle läßt der Gesetzgeber bewußt außer Betracht. Wenn auch Pufendorf durch die von ihm angeführten Beispiele zeigt, daß er ein Auseinanderklaffen von Naturrecht und positivem Recht nur bei barbarischen und rohen Völkern entschuldigen will, so ist doch nicht zu verkennen, daß er solche Verstöße des Gesetzgebers gegen das Naturrecht zwar nicht für ratsam, aber grundsätzlich nicht für unzulässig hält. Die Frage, „an lex civilis possit repugnare legi naturali?" und „an eadem crimina pro lubitu definire possit?"[105], ist also nicht ohne weiteres zu verneinen. Bedenkt man weiter, daß Pufendorf dem Fürsten das Recht einräumt, darüber zu entscheiden, welchen Sätzen des Naturrechts er das Gewicht bürgerlicher Gesetze beilegen will und welchen nicht, so ist der Kreis der Lücken in positiven Gesetzen, die das Naturrecht ausfüllen kann, schon erheblich verringert.

Die unmittelbare Anwendung der Naturrechtssätze ist also einmal dadurch eingeengt, daß sie nur dort gelten, wo das positive Gesetz eine Regelung nicht enthält; als weitere Einschränkung kommt hinzu, daß die Naturrechtssätze auch unanwendbar sind, wo der Gesetzgeber bewußt von ihnen abweicht oder einen bestimmten Tatbestand aus-

---

[102] Vgl. oben Anm. 97.

[103] Das läßt sich aus dem Satz herauslesen: „... atque in foro humano istis actibus eosdem concedi effectus, qui alias consequuntur actus jure naturali licitos", Jus naturae, 8, I, 3.

[104] Jus naturae, 8, III, 16.

[105] Jus naturae, 8, I, 2 f.; vgl. dazu oben S. 26 ff.

drücklich ungeregelt läßt. Mag Pufendorf auch solche Möglichkeiten — gerade in Hinblick auf eine willkürliche Definition von Verbrechenstatbeständen — in die Länder der Barbaren verweisen, so hält er sie doch für denkbar und betont damit deutlich einen Vorrang des positiven Gesetzes. In dem Staat, der Pufendorfs Vorstellung entspricht, ist die unmittelbare Anwendung der Naturrechtssätze weitgehend ausgeschlossen, denn entweder hat sie der Gesetzgeber mit einer Strafdrohung verknüpft und ihnen damit durch ein positives Gesetz Ausdruck verliehen, oder er hat es für richtig gehalten, ihrer Verletzung den Schutz vor den staatlichen Gerichten zu versagen.

Die unmittelbare rechtliche Wirkung der Naturrechtssätze ist vielmehr dort von Bedeutung, wo die gesetzliche Ordnung den Grundsätzen des natürlichen Rechts nicht genügt; hier sind Naturrechtssätze, die auch ohne Formulierung durch ein Gesetz als verbindliche Rechtsnorm gelten, die stärkste Waffe gegen unzulängliche, unklare und lückenhafte Gesetze. Wenn nämlich Pufendorf jedem Menschen die Fähigkeit zugesteht, die Grundsätze des natürlichen Rechts allein durch die Kraft seines Verstandes zu erkennen, dann ermöglicht er ihm damit auch, das an den Normen des Naturrechts orientierte Werk des Gesetzgebers zu überprüfen. Hier offenbart sich die Macht dieser Gedanken, denn damit begründet Pufendorf die Möglichkeit des Zweifels an jedem Gesetzgebungswerk der Erde.

5. Die Folgerungen aus Pufendorfs Verhältnis zum positiven Gesetz

Unverkennbar ist im Pufendorfschen Naturrecht ein gewisser Positivismus, der schon sehr deutlich das Element der Erzwingbarkeit zur Abgrenzung des gesetzten Rechts vom natürlichen Recht verwendet[106]. Aber auch die Sätze des Naturrechts sind echte Rechtsnormen, die ihre für alle Menschen verpflichtende Kraft auf das Prinzip des Gehorsams gegenüber dem Schöpfer des Naturrechts gründen. So steht dem natürlichen Recht als einer Summe echter Rechtsnormen ein positives Recht gegenüber, das dem Naturrecht erst tatsächliche Geltung und Durchsetzbarkeit im Staate verschaffen soll. Darin zeigt sich die ganze Problematik des säkularisierten Naturrechts, das eine Fülle bis ins einzelne gehender Rechtssätze enthalten will und doch nur die Funktion einer ergänzenden Rechtsordnung hat, die wie eine Reserve hinter dem positiven Recht steht und nicht schon dort unmittelbar gilt, wo das staatliche Recht der Ergänzung bedarf, sondern

---

[106] Schon Marchet hat mit Recht darauf hingewiesen, daß Pufendorf in der Achtung vor dem bürgerlichen Gesetz letztlich doch weiter geht als Grotius, weiter sogar als Hobbes; *Marchet,* Studien, S. 164 f.

nur, wo es die Ergänzung auch zuläßt. Darum ist dieses Naturrecht letztlich doch eher Anweisung an den Gesetzgeber als Waffe in der Hand des kritischen, seinen Verstand gebrauchenden Staatsbürgers, dem das natürliche Recht zwar die Mängel der geltenden positiven Rechtsordnung vor Augen hält, ihn aber zugleich diesem Recht gegenüber zum Gehorsam verpflichtet[107]. Insofern bleibt die Annahme, daß es sich bei den Naturrechtssätzen um echte Rechtsnormen handelt — Welzel nennt das den „Grundfehler der ganzen Naturrechtslehre“[108] — praktisch ohne weitreichende Konsequenzen. Viel wichtiger ist, daß die nach natürlichen Rechtsgrundsätzen entworfene positive Rechtsordnung zum Spiegelbild des natürlichen Rechts wird und demnach mit dem Anspruch auftritt, auch die Lückenlosigkeit des systematisch klar gegliederten Naturrechts zu übernehmen. So gehen in der Tat die naturrechtlichen Kodifikationen des 18. Jahrhunderts von der Vollständigkeit der in ihnen enthaltenen Regelung aus und versagen damit den Normen des Naturrechts auch nur die Möglichkeit einer bloß hilfsweisen Geltung[109]. Damit führt diese Entwicklung zu jener „eigenartigen Verdoppelung des Naturrechts“, die eine unmittelbare Geltung des natürlichen Rechts überhaupt nicht mehr kennt, sondern nur noch die „Rechtfertigungslehre“ bietet für das positive Recht[110]. Zutreffend weist Guggenheim darauf hin, daß das Naturrecht so „letzten Endes in einen, der positiven Rechtserfahrung unerreichbaren transzendenten Bereich“ verwiesen wird[111]. Je stärker sich ein Gesetzgeber an den Normen des natürlichen Rechts orientiert, um so mehr erlangt das von ihm gesetzte Recht auch jene innerlich verpflichtende Kraft, die die Sätze des Naturrechts auszeichnet[112]. Wohl glaubt Pufendorf nicht an die Vollkommenheit der menschlichen Gesetzgebungskunst und hält darum die Ergänzung des positiven Rechts durch das Naturrecht für unabdingbar. Aber als wesentliches Ergebnis kann gelten, daß der Kreis der tatsächlich bestehenden Lücken, die das — ungeschriebene — Naturrecht auszufüllen vermag, sich bei näherem Hinsehen als durchaus begrenzt erweist und in demselben Maße weiter beschränkt wird, in welchem der irdische Gesetzgeber eine immer vollkommenere Regelung durch seine Gesetze erstrebt; und die Vollständigkeit des gesetzten Rechts folgt nicht zuletzt aus der von Pufendorf mit solcher Konsequenz betriebenen systematischen Erfassung des ganzen Rechts, die im Gesetzgeber leicht

---

[107] Vgl. Jus naturae, 7, VIII, 1; dazu *Welzel,* Naturrechtslehre, S. 80.

[108] *Welzel,* Naturrechtslehre, S. 52.

[109] *Wieacker,* Privatrechtsgeschichte, S. 329 ff., insbesondere S. 333 zum Vollständigkeitsgrundsatz des Allgemeinen Landrechts.

[110] *Guggenheim,* Vattel, S. XX.

[111] *Guggenheim,* a. a. O.

[112] Vgl. dazu oben S. 12 f.

die allzu optimistische Vorstellung von der Lückenlosigkeit seines Gesetzgebungswerks erwecken muß.

Gewiß ist Pufendorf weit entfernt von der für den aufgeklärten Absolutismus so kennzeichnenden Vorstellung, daß eine hochentwickelte Kasuistik allen denkbaren Fällen gerecht werden kann[113]. Aber es zeigt sich seine Vorliebe für das klar formulierte geschriebene Recht, und in Ansätzen wird so eine der Positionen deutlich, von denen aus Analogie und selbstherrliche Auslegungskunst zurückgedrängt worden sind. Dazu gesellt sich der Gedanke, daß der Richter an das Gesetz zu binden sei, und auch dafür finden sich Anhaltspunkte in Pufendorfs Werk.

6. Die Bindung des Richters an das Gesetz

Auszugehen ist hier von dem Satz: „Deinde non omne malum, quod ob antegressum peccatum infertur, poena est; sed quod antea denunciatum, et post cognitionem delicti fuit impositum“[114]. Dieser Satz ist schon deshalb bemerkenswert, weil er nur ein „malum antea denunciatum“ als „poena“ bezeichnet; die vorherige Androhung wird also dem Begriff der Strafe zugrunde gelegt[115]. Verhängt wird die Strafe nach angestellter Erkenntnis über das Delikt. Das ist die Aufgabe des Richters, dessen Stellung Pufendorf für den Staat, in welchem kodifiziertes Recht gilt, mit einem Satze umreißt: „Sed et ubi leges civiles sunt conscriptae cum tamen omnes modi, quibus humana se malitia exserit, diserte vix possint exprimi, ubique legum civilium defectum lex et ratio naturalis supplere intelligitur; et quo sanctio poenalis expressa deficit, in arbitrio judicis est poenas definire“[116]. Pufendorf unterscheidet im übrigen scharf zwischen einer causa veniae und einer causa poenae temperandae, zwischen dispensatio und aequitas[117]. Der Gnadenakt ist Sache des Herrschers, der das positive Gesetz in toto aufheben kann und es deshalb auch im Einzelfall für unanwendbar erklären darf. In der — bei geschriebenen, mit genau bestimmter Strafdrohung versehenen Gesetzen nur vorsichtig zu gebrauchenden — Macht des summus imperans liegt es, die verhängte Strafe zu mildern oder ganz zu erlassen. Der „judex pedaneus“ dagegen ist an das

---

[113] Vgl. dazu oben S. 31.

[114] Jus naturae, 8, III, 7.

[115] Vgl. dazu oben S. 22 ff.

[116] Jus naturae, 8, III, 16. Daß Pufendorf das schon im Gesetz bestimmte Strafmaß für den Regelfall hält, zeigt sich in dem bereits in Anm. 114 erwähnten Abschnitt Jus naturae 8, III, 7.

[117] Vgl. dazu auch unten S. 35 ff.

Gesetz gebunden[118]. Er muß die Strafe, die das Gesetz bestimmt, verhängen, nur kann er sie mildern — sogar bis unter das im Gesetz festgelegte Mindestmaß —, wenn außerordentliche Umstände das rechtfertigen; ganz absehen von Strafe darf er aber nicht[119]. Größer ist die Freiheit des Richters, wenn die Gesetze keine genaue Strafbestimmung enthalten, sondern Art und Höhe der Strafe festzusetzen dem Richter überlassen. Besitzt ein Volk überhaupt keine geschriebenen Gesetze, so nehmen die Sätze des Naturrechts den Platz des positiven Gesetzes ein[120], und den Rechtsbrecher trifft eine poena arbitraria. Das ist auch im Falle der Gesetzeslücke so; das Naturrecht tritt in die vorhandene Lücke, und wiederum kann der Richter eine poena arbitraria verhängen[121].

Damit hat Pufendorf alle denkbaren Fälle erfaßt. Entscheidend ist hier das Gewicht, das er auf die Abhängigkeit des Richters von der lex expressa legt. Nur scheinbar widerspricht es dieser differenzierten Betrachtung über das Verhältnis von Richter und Gesetz, wenn Pufendorf sich verschiedentlich so eingehend mit der Strafzumessung beschäftigt und dabei den an zahlreichen Beispielen erläuterten Gesichtspunkten für Strafschärfungs- und Strafmilderungsgründe gleichsam als Zusammenfassung den Satz überordnet: „... non dari in foro civili justitiam aliquam vindicativam, quae certis delictis certam poenae mensuram, per naturam definitam, utique infligi jubeat sed veram poenarum humanarum mensuram esse utilitatem rei publicae ...“[122], als ob etwa doch nur die utilitas rei publicae einziger Maßstab bleibe für die Entscheidung des Richters. An die expressa lex ist der Richter gebunden; sie ist ein Befehl des summus imperans, dem er zu gehorchen hat. In diesem Falle hat der Gesetzgeber selbst schon bei der Androhung der Strafe den Nutzen des Staates erwogen, und der Richter kann die utilitas rei publicae bei der Anwendung des Gesetzes nur insoweit berücksichtigen, als ihm der Gesetzgeber dazu Spielraum läßt. Ob hier auch an die Milderungsmöglichkeiten zu denken ist, die dem Richter bei außerordentlichen Umständen ein Unterschreiten des gesetzlichen Strafrahmens gestatten, erscheint zweifelhaft; denn da hat der Richter offenbar eher das Wohl des Delinquenten im Auge — den unter den besonderen Umständen die

---

[118] Jus naturae, 8, III, 17. Die englische Übersetzung spricht von „petty judges“, während Barbeyrac mit „Magistrats subalternes“ übersetzt.

[119] Die aequitas erscheint hier als Attribut des Richters, der sich durch die Umstände des Einzelfalles veranlaßt sieht, von dem im Gesetz festgelegten Strafrahmen nach unten abzuweichen.

[120] Vgl. dazu oben S. 19.

[121] Jus naturae, 8, III, 16.

[122] Vgl. dazu oben S. 25 f.

gesetzliche Strafe zu hart treffen würde — als die Frage, ob das Wohl des Staates im konkreten Fall eine mildere als die gesetzlich angedrohte Strafe erfordert.

Eine besondere Rolle spielt bei der Anwendung des Gesetzes die aequitas. Ihr widmet Pufendorf in den Elementa jurisprudentiae einen eigenen Abschnitt. Dabei zeigt sich, daß Pufendorf in dem kleineren Werk zwar keine Beispiele bringt, vielmehr abstrakt von der Stellung des Richters und der rechten Anwendung des Gesetzes spricht, daß aber gerade deshalb diese Ausführungen gleichsam als Zusammenfassung des zuvor Gesagten betrachtet werden dürfen. Pufendorf unterscheidet eine dreifache Bedeutung des Wortes „aequitas": Er nennt einmal die aequitas im privaten Bereich, die dort jene Haltung kennzeichnet, die aus freien Stücken gewährt („ex lege humanitatis aut beneficentiae"), was durch das positive Gesetz auch erzwungen werden könnte, oder die auf ein Recht verzichtet. Aequitas bezeichnet weiter jene Grundsätze, nach denen „ex aequo et bono" Streitfälle behandelt werden, die in den bürgerlichen Gesetzen eine ausdrückliche Regelung nicht erfahren haben, sondern dem Richter oder Schiedsmann zur Entscheidung nach dem Naturrecht oder nach anderen bürgerlichen Gesetzen überlassen sind. Meint hier Pufendorf den Fall der ausdrücklichen Anweisung an den Richter, „ex aequo et bono" zu entscheiden, so bezeichnet er an erster und bedeutsamster Stelle endlich mit aequitas die rechte Anwendung des Gesetzes auf den konkreten Fall überhaupt („. . . in qua officium judicis vertitur", nämlich in der „recta adplicatio sententiae legis ad casus particulares"). Oft mag es geschehen, daß bei der Anwendung des Gesetzes im Einzelfall „sequatur absurdum aliquod", da der Gesetzgeber bei der Verschiedenartigkeit und der Fülle aller denkbaren Fälle nicht jeden einzelnen vorhersehen konnte. Da ihm aber nicht unterstellt werden soll, daß er absurde Gesetze erlassen wollte, so ist davon auszugehen, daß der Gesetzgeber diese Fälle nicht hat erfassen wollen. Deshalb besteht auch kein Gegensatz zwischen Gesetzgeber und Richter, wenn der Richter die Allgemeingültigkeit des Gesetzes durch die aequitas einschränkt, sondern der Richter ermittelt vielmehr mit Klugheit den Willen des Gesetzgebers „ex analogia et sensu caeterarum legum"[123].

Bei dieser ganzen Frage nach der Bindung des Richters an das Gesetz ist aber freilich zu beachten, daß für Pufendorf eine derart scharfe Trennung zwischen richterlicher und gesetzgebender Funktion der Staatsgewalt, wie wir sie heute verstehen, nicht gegeben ist. Ja er hält eine „conjunctionem inter omnes partes summi imperii" für unabdingbar, „. . . nisi regularis forma civitatis corrumpatur et irre-

[123] Elementa, 1, XIII, 22.

gulare corpus resultet . . .[124]. Ergo necessum est, ut utraque facultas[125] ab una et eadem voluntate dependeat“[126]. So ist es für ihn selbstverständlich, daß auch der summus imperans Recht sprechen kann. Die potestas judicaria, der Pufendorf unter der Kapitelüberschrift „De partibus summi imperii, earumque naturali connexione“[127] nach der potestas legislatoria und der potestas poenas summendi einen eigenen kleinen Abschnitt widmet, erscheint ihm nur als eine besondere Unterfunktion der höchsten Staatsgewalt, die — zum Beispiel nach der Aktenversendungspraxis seiner Zeit, an die Pufendorf hier gedacht haben dürfte — durch die landesherrlichen Obergerichte für eine authentische Interpretation der Gesetze zu sorgen und nun anstelle des untergeordneten Richters genau die Voraussetzungen zu prüfen hat, nach denen die im Gesetz angedrohte Strafe verwirkt ist[128]. Folgerichtig spricht Pufendorf deshalb vom „judex pedaneus“, wenn es nicht der Fürst selbst ist, der die potestas judicaria ausübt. Für den nachgeordneten Richter aber sind die Gesetze bindende Befehle des Souveräns, und wie sich gezeigt hat, ist diese Bindung um so stärker, je klarer und lückenloser die Gesetze sind. Da aber eine möglichst vollkommene Gesetzgebung das immer wieder erkennbare Hauptanliegen Pufendorfs ist, muß demnach die Freiheit des Richters mehr und mehr schwinden und findet schließlich nur dort noch Raum, wo es eine am überlegenen Willen des Gesetzgebers orientierte Auslegung zu suchen gilt[129].

7. Peccatum und delictum

In den Pufendorfschen Texten stößt man auf vereinzelte Stellen, die eine gewisse Differenzierung im Gebrauch der Worte „peccatum“

---

[124] Die Unterscheidung zwischen „regulären“ und „irregulären“ Staatsformen hat Pufendorf zum ersten Mal in seiner berühmten Schrift ‚De statu imperii Germanici‘ entwickelt und praktisch angewandt. Zum Einfluß Pufendorfs auf die Staatslehre seiner Zeit vgl. *Welzel*, Naturrechtslehre, S. 76.

[125] „facultas legislatoria“ und „facultas judicaria“.

[126] Jus naturae, 7, IV, 11; vgl. auch Elementa, 2, V, 16.

[127] Jus naturae, 7, IV.

[128] Jus naturae, 7, IV, 4.

[129] Zu Unrecht glaubt *Simons* (Einleitung, S. 47 a) darauf hinweisen zu dürfen, daß Pufendorf im 4. Kapitel des 7. Buches mit seiner Lehre von den Teilen der höchsten Staatsgewalt „gewissermaßen die berühmte Theorie Montesquieus von der Teilung der Gewalten“ vorwegnehme. Pufendorf begnügt sich vielmehr damit, die verschiedenen Funktionen der Staatsgewalt zu beschreiben, aber gerade den entscheidenden Gedanken Montesquieus von der Trennung dieser Funktionen lehnt Pufendorf ausdrücklich ab; Jus naturae, 7, IV, 11—14, und eingehend *Welzel*, Naturrechtslehre, S. 70 f.

und „delictum“ anzudeuten scheinen[130]. Das ist schon deshalb bemerkenswert, weil bis zur ersten Hälfte des 18. Jahrhunderts zwischen peccatum und delictum nicht unterschieden wird; beide dienen zur Kennzeichnung einer verwerflichen, strafwürdigen Handlung schlechthin. So heißt es noch in den Institutiones juris criminalis, die Gaertner 1729 herausgibt[131]: „Crimen tamen dicitur differe... a Delicto, ut species a genere, cum hoc contineat peccata tam voluntaria, quam involuntaria, illud non nisi voluntaria, dolo admixta, et deliberata“[132]. Gaertner stellt zwar an den Anfang seiner Arbeit eine Definition der strafrechtlichen Grundbegriffe, bestimmt „crimen“ als „actio legi prohibenti contraria[133] ... dolo et malitia intercedente“[134], und unterscheidet ausdrücklich die als „Criminis Synonyma“ genannten „delictum, maleficium, scelus, flagitium, noxa“ voneinander[135]; aber „peccatum“ wird hierbei nicht erwähnt, es erscheint vielmehr, wie der oben zitierte Satz zeigt, unterschiedslos neben „delictum“.

Erst Engau grenzt 1738 in seinen Elementa juris criminalis Germanico-Carolini „peccatum“ und „delictum“ klar voneinander ab und gibt unter der Kapitelüberschrift „De criminibus et delictis in genere“[136] die noch heute brauchbare Definition: „Quia ex eo, quod peccata, vitia, delicta, crimina modo distinguant modo synonyma habeant Dd. non potest non oriri sermonis obscuritas. Perspicuitatis ergo licebit mihi viam Dd. deserere, et in his elementis meis semper nominare peccatum, quod solis legibus divinis contrariatur; vitium, quo sola praecepta honesti et decori laeduntur; delictum, factum legi humanae, poenam minitanti contrarium; et denique crimen, delictum dolo malo perpetratum“. Und wenig später heißt es: „Ex delicti definitione (§ XIV) haec deduco axiomata: I. Legis est, designare delicta. II. Delicta factis demum perficiuntur“[137]. Damit wird hier der Begriff „delictum“ auf den Bereich der Strafgesetze im eigent-

---

[130] Vgl. oben S. 18, Anm. 44.

[131] Es handelt sich hier um eine erste lehrbuchartige Darstellung des Strafrechts. Gaertner lehnt sich zwar eng an die Carolina an, aber er versucht doch, ihre Anordnung zu verlassen und die Delikte unter neuen systematischen Gesichtspunkten zusammenzufassen; vgl. dazu das Vorwort Gaertners. Siehe dazu auch *Boldt,* Strafrechtswissenschaft, S. 7.

[132] *Gaertner,* Institutiones, Prolegomena, § 4.

[133] „... aut omissio ejus, quod lex praecipit...“

[134] Prolegomena, § 3.

[135] Vgl. Prolegomena, § 4.

[136] 1, II, 14.

[137] Elementa, 1, II, 19. Auf diese Stelle hat schon *Boldt* hingewiesen (Strafrechtswissenschaft, S. 68, Anm. 81, und S. 106 f.). Boldt spricht davon, daß Engaus klare Unterscheidungen in dieser Zeit „einzigartig“ dastehen und daß man selbst dort, wo man Engau an sich folgte, nie so eindeutig gewesen sei.

lichen Sinne (lex humana poenam minitans) beschränkt, während „peccatum" allein als Verstoß gegen die göttlichen Gesetze verstanden und dadurch aus dem Strafrecht entfernt wird: „Legis (sc. legis humanae) est, designare delicta".

Diese während der Aufklärung vollzogene Trennung von Sünde und Verbrechen wird in der Regel an ihren Auswirkungen gezeigt, nämlich an der milderen Strafe oder der völligen Straflosigkeit für die sogenannten Religionsverbrechen und an den „gewandelten Anschauungen" gegenüber Delikten wie Selbstmord, Kindestötung, Bigamie, Blutschande[138]. Unter diesem Blickwinkel läßt sich die Unterscheidung zwischen peccatum und delictum als bloße Tatsache hinnehmen, einfach als notwendige Begleiterscheinung bei der Abgrenzung des Rechts von der Religion, vom Bereich des Sittlichen und Moralischen. Sie erscheint als Abkehr von Aberglauben und Hexenwahn, als „Umwertung" zahlreicher Delikte, denen die „religiös-sittliche Grundlage" entzogen wird[139] und die jetzt nur als „moralische ‚Schwachheiten' (oder ‚Unarten')" behandelt werden oder völlig verschwinden[140]. So ist es kaum ein Zufall, daß Gaertner, der zwischen peccatum und delictum nicht unterscheidet, der „poena Magiae et Sortilegii" eine ernsthafte Untersuchung widmet und dabei kein Wort über die schon zahlreichen kritischen Stimmen der Zeitgenossen verliert[141], während Engau zwar nicht ganz auf die mit der Magie zusammenhängenden Fragen verzichten kann, aber sie schließlich mit einem Hinweis auf die „Praxis hodierna" abtut: „Hinc hodie plane negamus pactum cum diabolo, et ad phantasmata referimus carnales aliasque cum eo conversationes ..."[142]. Mit dem Wegfall der grausamen Strafen für viele dieser Delikte wird die Trennung von Sünde und Verbrechen schließlich zum deutlichen Ausdruck der Humanisierungstendenzen, die in unserer Vorstellung das wesentliche Merkmal der kriminalpolitischen Aufklärung sind[143].

Betrachtet man aber diesen Vorgang der Trennung von peccatum und delictum einmal für sich allein, so zeigt sich darin zwar zunächst nichts anderes als das Bestreben, zwei Begriffe zu scheiden, die bisher

---

[138] Vgl. die zahlreichen Belege bei *Günther*, Strafrechtsreform, S. 231 ff.

[139] *Günther*, S. 237.

[140] Vgl. dazu *Günther*, S. 231.

[141] *Gaertner*, Institutiones, S. 215—217.

[142] *Engau*, Elementa, 1, XXXVIII, 457.

[143] Wohl gerade im Hinblick darauf nennt *Günther* das einen Vorgang von „entscheidendem Einflusse auf die Weiterentwicklung unseres Strafrechts", Strafrechtsreform, S. 232. Vgl. auch die Nachweise bei *Günther*, S. 242, Anm. 1, wo insbesondere am Beispiel der Bigamie und des Inzests gezeigt wird, wie sich die allmähliche Sonderung der Sünde vom Verbrechen vollzogen hat.

als Synonyme in der strafrechtlichen Literatur erschienen sind. Aber das heißt, daß die Bezeichnung „Verbrechen“ jetzt zum Kennzeichen einer ganz bestimmten Art von verwerflichen Handlungen wird, die sich mit „Sünde“ nicht mehr bestimmen lassen: „Legis est, designare delicta“. Daraus folgt, daß selbst eine nicht grundsätzlich definierte, wohl aber tatsächlich vorgenommene Unterscheidung zwischen delictum und peccatum immerhin als ein gewisser Hinweis, gleichsam als Hilfsmittel dienen kann bei der Auseinandersetzung mit der Frage, in welchem Maße das eigene Gewicht der staatlichen Gesetze anerkannt wird, es als Aufgabe oder auch nur als Freiheit des summus imperans erscheint, bestimmte Handlungen zu Verbrechen zu erklären.

Für peccatum findet sich bei Pufendorf in den Elementa jurisprudentiae die Definition „actio mala, quae a lege discrepat“[144]. Unter Gesetz versteht Pufendorf hier eine befehlende (zwingende) Norm (necessitantem, non permittentem) sowohl göttlichen wie auch menschlichen Ursprungs, doch will er als „lex humana“ nur ein Gesetz bezeichnet sehen, das dem göttlichen Recht nicht widerspricht[145]. Damit zeigt sich wieder, wie folgerichtig Pufendorf sein System durchführt. Er hält eine Abweichung des irdischen Gesetzes vom natürlichen Recht grundsätzlich nur in der Form des Erlaubnissatzes für möglich[146]. Da aber nur ein Gesetz verletzt werden kann, das ein Gebot oder Verbot ausspricht, können die Begriffe „peccare“ und „delinquere“ niemals in Zusammenhang mit einer Erlaubnis in Erscheinung treten. Daraus folgt nicht ohne weiteres, daß für Pufendorf die Möglichkeit einer Unterscheidung zwischen peccatum und delictum überhaupt nicht besteht. Verpflichtungsgrund und Verpflichtungskraft der Naturrechtsnormen unterscheiden diese auch nach Pufendorfs Vorstellung sehr wohl von den irdischen Gesetzen[147], so daß es immerhin denkbar ist, auch von der Terminologie her zwischen dem Verstoß gegen die lex civilis und der Verletzung des natürlichen Rechts eine Grenze zu ziehen.

Der oben wiedergegebenen Definition für peccatum entspricht genau eine weitere Stelle in den Elementa jurisprudentiae: „In quibuslibet peccatis, saltem quae ad alium terminantur, duo inveniuntur; ipse defectus seu distantia a norma legis secundum exsecutionem vel intentionem, et damnum alteri per id directe aut indirecte datum“[148]. Daß Pufendorf hier zwischen peccatum und delictum nicht unterscheidet, er vielmehr unterschiedslos jede „actio, quae a lege discrepat“,

---

[144] *Pufendorf*, Elementa, 1, XVI.
[145] Elementa, 1, XVI.
[146] Vgl. oben S. 29 ff.
[147] Vgl. oben S. 18.
[148] Elementa, 1, XXI, 1.

mit peccatum und mit delictum bezeichnet, wird besonders deutlich in den §§ 3 und 4 der XXI Definition, wo sich Pufendorf der staatlichen Gemeinschaft zuwendet, die mit stärkeren Mitteln als das natürliche Recht auf die Menschen einwirkt, um sie von der Verletzung fremder Rechte abzuhalten[149]. In ein und demselben Satz gebraucht Pufendorf für den Verstoß gegen die staatlichen Gesetze die Worte „delinquere" und „peccatum": „In civitate igitur, praeterquam quod per summam potestatem, qui deliquit, adigitur, ut alteri damnum datum resarciat, quantum natura admittit, de futura securitate omnibus cavetur, per inflictionem poenae, cujus asperitate omnes a peccatis absterreantur". Nicht anders ist die Verwendung von delinquere und peccare in den folgenden Sätzen[150]; bemerkenswert ist hier insbesondere die Stelle, wo Pufendorf von der „mensura poenarum in foro humano" spricht[151]: „Cujus ratio est" — nämlich daß Diebstahl und Mord mit der gleichen schweren Strafe bedroht sind —, „quia poena velut seorsim singulis delictis imponitur ea quantitate, quam usus Reip. postulare videtur ... quia mensura poenarum in foro humano non est sola peccatorum gravitas in se, sed eadem conjuncta cum respectu ad usum Reipublicae"[152].

Der Ansatz zu einer gewissen Differenzierung im Gebrauch von peccatum und delictum kann allenfalls dort gefunden werden, wo Pufendorf die Möglichkeit einer Diskrepanz zwischen Naturrecht und menschlichem Recht behandelt. So verwendet Pufendorf, wo er sich mit der dem Naturrecht entsprechenden Definition der Verbrechen befaßt, das Wort „crimen": „... de multis sane criminibus lege naturae prohibitis constare potest, quanam ratione Deus autor naturae ea definiri velit", und sagt: „Selbst wenn ein Staat quasdam actiones ab istius criminis nota exceperit, so verstoßen diese Handlungen dennoch gegen das göttliche Gesetz". Auch die Erlaubnis des irdischen Gesetzgebers bewirke nicht, „daß eine bestimmte Handlung nicht doch das Gesetz der Natur verletzt oder sie jemand ausführen kann, ohne Gott gegenüber eine Sünde zu begehen" („... aut ut quis citra peccatum in Deum eum [sc. actum aliquem] possit admittere")[153]. An dieser Stelle ist „peccatum in Deum" als „Sünde" im eigentlichen Sinne gemeint und offenbar bewußt unterschieden von

[149] Elementa, 1, XXI, 3: „Maxima igitur et commodissima cautio de securitate, quam quidem societatis humanae conditio fert, est ista, ut per poenam damnasius sit alteri nocuisse, quam non nocuisse".

[150] Vgl. ferner Elementa, 1, XXI, 7, 9 und 11.

[151] „In foro humano" ist eine vor allem im Jus naturae häufig wiederkehrende Redewendung, auf die in diesem Zusammenhang hier noch besonders einzugehen sein wird, vgl. unten S. 42.

[152] Elementa, 1, XXI, 11.

[153] Elementa, 1, XIII, 7.

dem mit „crimen“ bezeichneten Verstoß gegen die lex naturae und die lex humana; hier ist mit „peccatum“ die Verletzung der Pflichten umschrieben, die im Verhältnis zwischen Gott und den Menschen unmittelbar bestehen[154], deren Regelung nicht zu den Aufgaben des irdischen Herrschers gehört und die auch Pufendorf ausdrücklich nicht zum Gegenstand seiner Untersuchung macht, sondern in den Bereich der Moraltheologie verweist[155]. Weitere Beispiele finden sich im Jus naturae; da heißt es im dritten Kapitel des achten Buches unter der Überschrift „An jus vitae et necis a singulis potuerit in civitatem conferri“ (§ 1): „Illud quoque verbo monendum, nos hoc loco tantum agere de illis tantum poenis, quae ex arbitraria velut dispositione legislatorum humanorum in delicta sunt constituta et contra distinguuntur illis malis, quae naturali connexione peccata consequantur“. Dem entspricht eine weitere Stelle in § 7 des dritten Kapitels: „A poenis itidem excludit mala, quae malas actiones naturaliter consequuntur . . .“, wobei „actio mala“ nach der in den Elementa jurisprudentiae gegebenen Definition mit „peccatum“ zu kennzeichnen ist[156]. Endlich überwiegt das Wort „delictum“ ganz eindeutig dort, wo verwerfliche Handlungen in Zusammenhang mit der irdischen Gerichtsbarkeit (forum humanum) genannt werden[157]. Nur an einer einzigen Stelle ist wirklich eine unmißverständliche Unterscheidung zwischen delictum und peccatum zu erkennen, dort nämlich, wo Pufendorf sich der Strafgewalt des irdischen Richters zuwendet, der „poenae“, nicht aber jene „mala naturalia“ verhängen kann, „quae naturaliter ex peccatis consequuntur“[158].

Damit erweist sich also, daß Pufendorf zwar in der Regel die Worte „delictum“ und „peccatum“ unterschiedslos nebeneinander verwendet; jede Verletzung irdischer Gesetze ist für ihn auch ein Bruch des natürlichen Rechts. Und wenn auch Verpflichtungsgrund und Verpflichtungskraft jus naturale und leges civiles deutlich voneinander trennen, so ist bei ihrer weitgehenden Übereinstimmung ein Verstoß gegen das von Menschen gesetzte Recht nicht nur gegen den irdischen Gesetzgeber gerichtet, sondern genauso auch gegen Gott. Aber es läßt

---

[154] Es ist hier die Pflicht zum Gehorsam gegenüber dem Autor des Naturrechts; dieser Gehorsam bleibt eine Gewissensentscheidung und damit allein eine Frage der Gesinnung selbst dann, wenn die lex civilis das naturrechtliche Verbot oder Gebot bekräftigt.

[155] Vgl. dazu oben S. 14 f.; vgl. ferner *Welzel*, Naturrechtslehre, S. 54 f., insbesondere Anm. 12; vgl. dazu auch oben Anm. 154.

[156] Vgl. oben S. 40, Anm. 144; vgl. ferner Jus naturae, 8, III, 4 f.

[157] Vgl. zum Beispiel Jus naturae, 8, III, 23, 24, 30, 33, und De habitu religionis, §§ 23 ff.

[158] Jus naturae, 8, III, 1 und 7; vgl. dazu auch Elementa, 1, XVI.

sich feststellen, daß an einigen Stellen der Gebrauch des Wortes „delictum", an anderen der von „peccatum" im Vordergrund steht. Dabei überwiegt „delictum" ganz entschieden, wenn verwerfliche Handlungen in Zusammenhang mit der irdischen Gerichtsbarkeit genannt werden. Und läßt sich auch eine bewußte Scheidung zwischen delictum (crimen) und peccatum nur ganz vereinzelt finden, so ist doch der Anfang jener von Engau klar durchgeführten Unterscheidung in Ansätzen schon bei Pufendorf zu beobachten, und damit wird auch von dieser Seite her deutlich, was unter dem positivistischen Element in Pufendorfs Naturrechtslehre zu verstehen ist[159]: Es ist eine gegenüber den naturrechtlichen Normen stärkere Selbständigkeit des staatlichen Rechts, die darin zum Ausdruck kommt[160].

8. Ergebnis

Es zeigt sich, daß die Naturrechtslehre Pufendorfs eine ausgeprägte Vorliebe für das geschriebene, klar und unmißverständlich formulierte Gesetz hervortreten läßt. Während das Naturrecht selbst, das alle Lebensbereiche durchdringt, gleichsam nur Pate steht bei der Formulierung der staatlichen Gesetze, nimmt die staatliche Rechtsordnung mehr und mehr den Charakter einer möglichst vollständigen Regelung an. Das Naturrecht dagegen wird in die Rolle bloß subsidiärer Geltung gedrängt und bleibt schon ohnedies durch die fehlende Erzwingbarkeit hinter dem positiven Recht zurück. Aber selbst als subsidiäres Recht scheidet es überall dort aus, wo der Gesetzgeber

---

[159] Vgl. dazu oben S. 32.

[160] Wie schwer es ist, aus den Pufendorfschen Texten Schlüsse zu ziehen, zeigt übrigens jener berühmte und in Zusammenhang mit Pufendorfs Positivismus viel zitierte Satz: „... ubi non sit lex, ibi nec poenam, nec delictum, nec delicti veniam inveniri", Jus naturae, 8, III, 16. Er steht nämlich im Zusammenhang der Erörterung, in welchem Maße es rechtens sein kann, vor Erlaß eines Strafgesetzes zu begnadigen, und lautet in seinem vollen Wortlaut: „Alias enim tralatitium est, ubi non sit lex, ibi nec poenam, nec delictum, nec delicti veniam inveniri", oder klarer ausgedrückt in den Eris scandica: „Hunc igitur motum physicum, seu actionem humanam quatenus ab omni lege tam naturali quam positiva abstrahit, indifferentem in genere morum pronunciamus, id est, neque bonam neque malam. Quod dogma usque adeo nihil novitatis habet, ut etiam rusticis ex sensu communi cognitum sit, qui utique intelligunt, et adplicare norunt tritum illud: Ubi nulla est lex, ibi nulla est transgressio", Specimen Controversiarum, V, § 3. Damit besagt dieser Satz wirklich nichts anderes als die für Pufendorf banale Wahrheit, daß erst irgendein — und zwar keineswegs ein staatliches — Gesetz vorhanden sein müsse, ehe eine Gesetzesverletzung denkbar sei, und kann deshalb gerade nicht als Beweis für Pufendorfs Positivismus in Anspruch genommen werden.

eine Verletzung erlaubt und damit dem Naturrecht ausdrücklich die Sanktionierung versagt. Eine gesonderte Behandlung des Gewohnheitsrechts fehlt bei Pufendorf; es bleibt praktisch überall anwendbar und scheint offenbar stets mit dem Naturrecht übereinzustimmen. In seinen Anforderungen an den Gesetzgeber jedoch nimmt Pufendorf schon Gedanken voraus, die in unserer Vorstellung erst zum Bild der späten Aufklärung passen wollen. Dem Richter weist Pufendorf eine eher untergeordnete Rolle zu und betont ihm gegenüber das Gewicht der seiner Auslegung weitgehend entrückten Gesetze mit solchem Nachdruck, daß von einem ‚Richterrecht', wie es die Zeit Pufendorfs in ausgeprägtester Form noch kennt, keine Rede mehr sein kann. Zugleich zeigen sich die Ansätze zu einer Strafandrohungstheorie, so daß die klare Formulierung der Gebots- und Verbotsnormen auch dadurch noch an Bedeutung gewinnt. Schließlich spricht Pufendorf auch selbst vom „crimina definire" und legt so die „Umschreibung der Tat" seiner Lehre vom Aufbau der Gesetze zugrunde. Und recht deutlich sogar führt er an vereinzelten Stellen eine Trennung der Begriffe delictum und peccatum durch. So verstreut diese Gedanken auch in Pufendorfs Werk sind, in ihrer Gesamtheit bilden sie die Grundlage für jene Positivierung des Strafrechts, die schließlich zur absoluten Vorherrschaft der gesetzlichen Tatbestandsdefinition geführt hat.

II. CHRISTIAN THOMASIUS

1. Die Positivierung des Rechts in Thomasius' naturrechtlichem System

„Fortissimus Libertatis philosophandi Restaurator ...", so eröffnet Stoll die Einleitung zu seiner Ausgabe der Lectiones de prudentia legislatoria des Thomasius und nennt damit jene zwei Gesichtspunkte, die bis heute das — durchaus umstrittene — Bild dieses Rechtsdenkers bestimmt haben: die tatsächliche oder auch nur scheinbare Unabhängigkeit seiner Gedanken von der orthodoxen Schulphilosophie seiner Zeit und die — unbestrittene — Kühnheit seines Auftretens[1]. Er erscheint als der konsequente Fortsetzer Pufendorfs[2], als Verfechter des endgültig verweltlichten und damit als Begründer eines juristischen Naturrechts, das auch schon rein lehrmäßig vom philosophischen und theologischen Naturrecht getrennt ist[3]. Ihm selbst ging es darum, das Werk Pufendorfs weiterzubilden und es in der Auseinandersetzung mit Pufendorfs Gegnern zu vollenden[4]. Hatte durch Pufendorf die Verbreitung des Naturrechts weit über den Kreis der Gelehrten hinaus eingesetzt, so wird es jetzt „schlagworthaft, doktrinär und damit

---

[1] Eine glänzend zusammengestellte Auswahl aus der Fülle der Äußerungen über Thomasius gibt *Fleischmann*, Anhang V zu ‚Christian Thomasius', unter der Überschrift: „Thomasius im Spiegel der Literatur (1799—1928)", S. 225 ff. Dabei zeigt sich immer wieder, daß bei dem so häufig gewählten Vergleich zwischen Leibniz und Thomasius zwar die Größe und Überlegenheit des Älteren außer Frage steht, aber Thomasius wegen der Kraft und der Unerschrockenheit seines Auftretens ebenso selbstverständlich als der Wirksamere anerkannt wird, er nicht nur als Erzieher der akademischen Jugend erscheint, als Anreger auf allen Gebieten, sondern man ihn geradezu als „zweiten Reformator" feiert, ihn, und nicht den so bedächtigen, auf Ausgleich nach allen Seiten hin bedachten Leibniz. — Vgl. auch *Opel* in der Einleitung zu Thomasius' kleinen deutschen Schriften, S. 6—9. Auch heute noch lesenswert ist Thomasius' berühmte Schrift ‚Von Nachahmung der Franzosen'. Sie erscheint in stilistischer Hinsicht als das Beste, was Thomasius in deutscher Sprache verfaßt hat.

[2] Vgl. dazu *Kaltenborn*, Vorläufer, S. 55, der nicht ohne Grund auf das „wahrhaft speculative", entwicklungsfähige Element in den Pufendorfschen Theorien hinweist.

[3] *Wolf*, Rechtsdenker, S. 374.

[4] Schon der Titel der Institutiones verrät dieses Vorhaben.

zur geistigen Macht"[5]. Schon äußerlich zeigen Thomasius' Hauptwerke, die Institutiones von 1688 und die 1705 erstmals erschienenen Fundamenta sowie der ‚Versuch vom Wesen des Geistes' aus dem Jahre 1699, eine außerordentlich leichte Überschaubarkeit, die weit eher an die lehrbuchartigen Grundrisse Pufendorfs, an dessen knappe Darstellung des Naturrechts in den Elementa und im De officio erinnert als an sein dickleibiges Hauptwerk selbst. Die „juristische Anwendbarkeit" des Naturrechts rückt jetzt in den Vordergrund, es beginnt „Richter und Gesetzgeber zu beschäftigen" und „wandelt sich dabei fast unmerklich in praktische Regeln um und wird zur Lehre von der Gesetzgebungs- und Auslegungskunst"[6]. Zugleich tritt auch die Rechtswissenschaft aus der Isolierung heraus, in der sie trotz aller Rechtsbücher und Rechtsspiegel geblieben war, und löst sich langsam von den Schranken jener Sprache und Rechtspraktik, die ihr bei den Humanisten den Ruf einer „Geheimlehre" eingetragen hatten[7].

Nicht anders als Pufendorf grenzt auch Thomasius seine Aufgabe, das heißt, die Aufgabe der Philosophie überhaupt, auf den Umkreis des menschlichen Lebens hier auf der Erde ein, und da ist es wieder der ausgesprochene Zweck des Philosophierens, die irdische Glückseligkeit zu fördern[8]. Diese Glückseligkeitslehre des Thomasius ist binnen kurzer Zeit zur Herrschaft gelangt und hat fast ein Jahrhundert lang das Naturrechtsdenken bestimmt[9]. Sie liefert die Erklärung für das Handeln des Menschen, aber auch den Maßstab für das Wirken des Gesetzgebers. Denn über das Glück des einzelnen hinaus ist es das Glück der Allgemeinheit, das es im Staat zu gewinnen gilt[10]. So ist es nicht verwunderlich, daß Thomasius das oberste Prinzip des Naturrechts definiert: „Facienda esse, quae vitam hominum reddunt et maxime diuturnam et felicissimam; et evitanda, quae vitam reddunt infelicem et mortem accelerant"[11]; und diese „zeitliche

---

[5] *Wolf*, Rechtsdenker, 3. Aufl., S. 370.

[6] *Wolf*, Rechtsdenker, 3. Aufl., S. 371. Mit Recht weist Thieme darauf hin, daß Thomasius im Gegensatz zu Pufendorf und Wolff als praktischer Jurist außerordentliches Geschick besaß. „Seine Juristischen Händel (1723) zeigen ihn als gewandten Advokaten, der die Vielfalt der Praxis zu gut kannte, als daß er kasuistische Vollständigkeit zu erzielen versucht hätte", womit Thieme offenbar eine besonders gegen Christian Wolff gerichtete Abgrenzung ziehen will, *Thieme*, Felice Battaglia, S. 695, Anm. 3.

[7] *Wolf*, Rechtsdenker, 3. Aufl., S. 368; vgl. dazu auch *Thieme*, S. 693.

[8] *Thomasius*, Introductio in philosophiam aulicam, II, 31.

[9] *Sauter*, Grundlagen, S. 168; vgl. auch *Brüggemann*, Frühzeit, S. 10.

[10] Thomasius hat sich selbst als Erzieher gefühlt, vgl. *Battaglia*, Christiano Thomasio, S. 435.

[11] Fundamenta, 1, VI, 21; vgl. auch Introductio in philosophiam aulicam, II, 65.

Glückseligkeit besteht in der Gemütsruhe und in der Gesundheit des Leibes"[12]. Die Leidenschaften sind es, die die „Gemütsruhe" stören. Darum ist die Ethik nichts anderes „als eine Lehre und Anweisung wie ein Mensch, seine affekten guberniren sol, damit dieselbe nicht vermögend werden, ihn zu etwas so denen Gesetzen zuwieder wäre, anzureitzen"[13]. Und bei dieser Definition der Ethik ist Thomasius trotz aller Angriffe geblieben; sie ist ihm zeitlebens nichts anderes gewesen, „quam doctrina hominem instituens, quibus in rebus verum summumque bonum consistat, qua ratione id consequi, atque impedimenta quae ipse sibi injicere solet, amoliri superareque possit"[14].

Das zeitliche, persönliche Glück des Menschen ist aber für Thomasius nur in der staatlichen Gemeinschaft zu erreichen. Der friedfertige vorstaatliche Naturzustand im Sinne Pufendorfs wird bei ihm zur chaotischen Mischung aus Krieg und Frieden[15], dem die Menschen mit allen Mitteln zu entfliehen trachten und den sie schließlich auch mit Hilfe der äußeren Macht des durch Vertrag bestimmten Herrschers tatsächlich beenden können; und da es das oberste Ziel bleibt, die nur in dieser staatlichen Gemeinschaft ‚hic et nunc' zu erreichende Glückseligkeit zu fördern, so muß das Recht zuallererst verhindern, daß die Menschen in den chaotischen Naturzustand zurückfallen. Deshalb müssen wir ‚ehrbar' leben, „damit der innere Friede gewahrt wird; wir sollen ‚anständig' leben, damit andere uns Hilfe gewähren und zur Erhaltung des äußeren Friedens angeeifert werden, und wir sollen ‚gerecht' leben, damit andere nicht gereizt werden und den äußeren Frieden stören"[16]. Aus diesen drei Bereichen des „Ehrbaren", des „Anständigen" und des „Gerechten" zusammen besteht das Naturrecht im weiteren Sinne[17]; sie lassen sich zurückführen auf die allein mit den Interessen des Individuums abgestimmten Gebote der Lebensweisheit: „Quod vis, ut alii sibi faciant, tute tibi facies" (honestum). „Quod vis, ut alii tibi faciant, tu ipsis facies" (decorum) und „quod tibi non vis fieri, alteri non feceris" (justum)[18]. Das Naturrecht im engeren Sinne[19] dagegen befaßt sich nur mit den

---

[12] Praxis Logices, I, 112 ff.

[13] Von den Mängeln der aristotelischen Ethik, S. 94.

[14] Introductio in philosophiam moralem, II, 1; vgl. ferner Praxis Logices, I, 112—114, und Introductio in philosophiam moralem, I, 135 ff.

[15] Fundamenta, 1, III, 55 ff.

[16] Fundamenta, 1, VI, 35, zitiert in der Übersetzung von *Sauter*, Grundlagen, S. 174.

[17] Fundamenta, 1, V, 30; vgl. auch Fundamenta, Prooem. § 9, und 1, VI, 6 und 21.

[18] Fundamenta, 1, VI, 40 ff.

[19] Fundamenta, 1, V, 30.

Regeln des justum, während der Aufgabenbereich der Ethik das honestum ist und der der Politik das decorum[20].

Ein ausgesprochen pessimistischer Zug ist es, der Thomasius die menschliche Natur wenig ideal sehen läßt. Als überzeugter Lutheraner war er tief durchdrungen von Zweifeln an der Klarheit und Kraft des Verstandes und von der Verderbtheit und der Bosheit des menschlichen Willens überzeugt. So ist es altlutherisches Gedankengut, wenn Thomasius von dem Willen spricht, der die Vernunft beherrscht und selbst böse ist und unfrei[21]. Zwar findet sich bei Thomasius auch der Satz, daß der Verstand, könne er frei von der Herrschaft des Willens und frei von den Affekten urteilen, untrüglich sei und sicher. Niemals dürfe man ihn selbst für irgendwelche Irrtümer verantwortlich machen; deren Quelle seien allein die Affekte. „Hic vero ante omnia cavendum, ne originem mali adscribamus intellectui, cum principia illa vera omnibus ab affectu vacuis sint evidentissima, sed ... fons omnis corruptionis in affectibus humanis, et quidem in affectu omnium

---

[20] Der unmittelbare Anlaß, auf diese alte Dreiteilung (vgl. dazu *Wolf*, Problem, S. 140, Anm. 662) zurückzugreifen und sie zur Abgrenzung von Recht und Moral zu entwickeln, war für Thomasius der Versuch, diejenige Tugend zu finden, die der Pufendorfschen „socialitas" entspricht; und hier ist er auf das „decorum" gestoßen; vgl. Introductio in philosophiam moralem, I, 79; I, 127; vgl. hierzu auch *Sauter*, Grundlagen, S. 177. Es ist eine Tugend, die gleichsam in der Mitte steht zwischen der Ehrbarkeit und der Gerechtigkeit.

[21] Fundamenta, 1, I, 40, 66, 118; Einleitung zur Sittenlehre, I, 46. Es ist geradezu üblich geworden, dieses „Umkippen" in den Voluntarismus für das entscheidende Ereignis in Thomasius' geistiger Entwicklung zu halten und alle Änderungen seiner Anthropologie und seines Rechtsbegriffs darauf zurückzuführen, vgl. zum Beispiel *Sauter*, Grundlagen, S. 160 f.; *Wieacker*, Privatrechtsgeschichte, S. 316 ff.; erst neuerdings wieder stützt *Dries* seine ganze Untersuchung über die Rechtslehre des Thomasius auf die durch diesen Bruch bewirkten „Veränderungen" des Thomasischen Rechtsbegriffs. Die ursprünglich rationalistische Haltung läßt sich aus den Institutiones herleiten, während die Fundamenta als Schlüsselwerk für Thomasius' Voluntarismus dienen. Vgl. dazu auch *v. Zahn*, Hommel, S. 34 ff. Dabei wird aber immer wieder übersehen, daß erst dort, wo die Erkenntnisfähigkeit des menschlichen Verstandes grundsätzlich in Zweifel gezogen wird, der Bruch mit der Vernunftgläubigkeit des intellektualistischen Naturrechts beginnt. Das geschieht durch die geschickt getarnte Skepsis gegenüber der Erkenntnisfähigkeit des Verstandes in den ‚Dubia juris naturae' Hombergks zu Vach und führt zu jener Spätform der Naturrechtslehre, wie sie Schmauß und Hommel vertreten haben. Bei Thomasius aber bleibt trotz aller Zweifel und Einschränkungen der Verstand das Fundament und das Erkenntnisprinzip des natürlichen Rechts, das ganz bewußt in Gegensatz gestellt wird zur Offenbarung. Vgl. dazu auch weiter oben im Text.

astutissimo, ambitione scilicet, quaerendus est"[22]. Aber daraus folgt nur, daß es Thomasius gerade darum gehen muß, den von Leidenschaften verdunkelten Verstand des Menschen zu Klarheit und sicherer Erkenntnis zu führen. Daher der starke Ton, den Thomasius auf Mäßigung, auf Bändigung der Affekte legt, daher das so oft wiederholte Wort von der „tranquillitas animi"[23]. So ist es das „schwierige Ziel der thomasischen Ethik", den Weg zu weisen, auf welchem der Mensch „mit den unzulänglichen Mitteln eines vom bösen Willen abhängigen Denkens zur höchsten Glückseligkeit" gelangen kann[24].

So kündigte Thomasius nicht, wie die französischen Aufklärungsdenker, „den Beginn eines neuen, goldenen Zeitalters der von Natur guten Menschheit an. Sein Naturrecht wollte nicht mehr sein als ein Hilfsmittel, das Zurückgleiten der erbsündigen Menschheit in den chaotischen Zustand ihres vorstaatlichen Daseins zu verhindern"[25]. Der Mensch ist nicht ganz ungeeignet zur Bildung einer Gesellschaft, aber es bedarf vor allem der herrscherlichen Macht, um das vorstaatliche Chaos zu beenden[26]; und da Thomasius in dem von Leidenschaften beherrschten Willen das Grundprinzip der menschlichen Natur sieht, kommt er folgerichtig zur Auffassung von der Erzwingbarkeit als Wesensmerkmal des Rechts. Die Entscheidungen, die der Mensch trifft, fallen nur selten — „in statu tranquillitatis animi" — frei nach ihrer Vernünftigkeit, in der Regel sind sie vom Willen und das heißt, sind sie von den Passionen beeinflußt; also ist das Handeln des Menschen auch nur auf diesem Wege, nur über die Vorstellung von einem unerwünschten Übel oder einem erstrebenswerten Gut zu lenken. Denn der Wille kann durchaus gezwungen werden[27], vor allem die Furcht ist es, die ihn zu bändigen vermag[28]. Ergibt sich demnach, daß die nur selten ungetrübte Einsicht in die Vernünftigkeit einer Norm nicht Maßstab sein kann für das rechte Verhalten der Menschen, so wird die bei Pufendorf noch mögliche unmittelbare Anwendung der — jedermann einsichtigen — Sätze des natürlichen

---

[22] Historia, I, 24. Vgl. dazu auch Fundamenta, 1, I, 63 ff.

[23] „So ist demnach die Sittenlehre nichts anderes als eine Lehre, die den Menschen unterweiset, worinnen seine wahre und höchste Glückseeligkeit bestehe, wie er dieselbe erlangen, und die Hindernissen, so durch ihn selbst verursacht werden, ablegen und überwinden solle", Einleitung zur Sittenlehre, II, 1.

[24] *Wolf*, Rechtsdenker, S. 399.

[25] *Wolf*, Rechtsdenker, S. 407.

[26] Fundamenta, 1, III, 56.

[27] Fundamenta, 1, I, 40.

[28] Fundamenta, 1, IV, 58. Die Passionen selbst sind nicht so durch und durch böse, daß sie nicht auch noch für ein gutes Ziel eingesetzt werden könnten, vgl. Fundamenta, 1, III, 77.

Rechts gegenstandslos[29]. Die äußere Verpflichtungskraft, das heißt, die durch Erzwingbarkeit gesicherte Geltung einer Norm erlangt damit entscheidende Bedeutung.

Deshalb müssen die staatlichen Gesetze zur unmißverständlichen und in jedem Falle durchsetzbaren Anweisung an den Bürger werden, deshalb sind die Gesetze zugleich auch ein untrüglicher Prüfstein, an dem sich die Weisheit ihres Verfassers messen läßt[30]. In demselben Maße, in welchem sich die Steuerung des menschlichen Verhaltens in Hinblick auf das friedliche Zusammenleben im Staate als notwendig und durch das hohe Ziel der allgemeinen Glückseligkeit auch tatsächlich als gerechtfertigt erweist, ist die sorgfältige Formulierung aller Gesetze unabdingbar, und öffentliche Bekanntmachung und tatsächliche Kenntnis der Gesetze werden zur selbstverständlichen Forderung. Damit ist freilich an die Stelle der von jedem Bürger zu überprüfenden Vernünftigkeit der Gesetze — so bei Pufendorf[31] — die höhere Einsicht des Gesetzgebers getreten. Erik Wolf spricht hier nicht zu Unrecht von der „Loyalität" des Thomasius gegenüber dem aufgeklärten Absolutismus seiner Zeit[32], und Treitschke nennt jene „Männer der Freiheit", nämlich Leibniz, Pufendorf und Thomasius, „harte Absolutisten"[33].

Dieses Eindringen positivistischer Elemente in den Begriff des Rechts bei Thomasius — und die dadurch ausgelöste abwertende Beurteilung seiner Rechtslehre als „Verflachung zu einer äußeren Zwangsordnung"[34] — hat noch eine andere, wenig beachtete Wurzel: es beruht letztlich auf der von ihm so konsequent durchgeführten Trennung von jus Dei und jus hominum: „Illud" — nämlich das jus Dei — „analogice tale est, et ab hominum jure multum discrepans"[35]. Das jus Dei ist nur „gleichnisweise" (analogice) ein Recht, das sich Gott selbst nach eigenem Belieben gibt. („Habet enim istud Deus a se ipso mediante creatione")[36]. Für das jus hominum dagegen gelte, daß es auf einen übergeordneten Willen zurückzuführen sei. Es erfordere also einen Herrscher, der es seinen Untergebenen zur Richtschnur ihres

---

[29] Vgl. dazu oben S. 12 und S. 19.

[30] Vgl. dazu Friedrichs des Großen Akademieabhandlung ‚Sur les raisons d'etablir ou d'abroger les lois', *Oeuvres*, IX, S. 27 und S. 32.

[31] Vgl. dazu oben S. 32.

[32] *Wolf*, Rechtsdenker, S. 403.

[33] *Treitschke*, Politik, I, S. 60.

[34] *Wieacker*, Privatrechtsgeschichte, besonders deutlich 1. Aufl., S. 190. Aber vgl. dazu auch das Urteil *Battaglias*, Christiano Thomasio, S. 367.

[35] Institutiones, 1, I, 85.

[36] Dieser Satz fehlt in der Zeidlerschen Übersetzung und wird auch von *Sauter* ausgelassen, der sich in diesem Falle nicht auf den lateinischen Text, sondern auf die Übersetzung stützt (Grundlagen, S. 173, Anm. 3).

Handelns setze. Gebe er dabei der Freiheit Raum, so gewähre er ein Recht (jus), schränke er sie ein, so spreche man von einem Gesetz (lex), und da liege auch der Ursprung aller Verpflichtung (obligatio)[37]. Damit wird in den Institutiones nichts anderes behauptet, als daß jedes Recht im strengen Sinne aus einem Rechtssetzungsakt herzuleiten sei und alles, was dieser Definition nicht entspricht, auch kein Recht sein könne. Es ist der Pufendorfsche Gedanke von der „impositio" als Wesensmerkmal des Rechts, der für die Rechtslehre des Thomasius auf der Stufe der Institutiones kennzeichnend bleibt[38]. Hier wird die Verpflichtung auch als „correlatum juris" verstanden und definiert als „qualitas moralis passiva, personae a lege injecta, ejusque libertatem restringens ad dandum aliquid vel faciendum ei, cum quo quis in societate vivit"[39]. Da es Recht nur in der Gesellschaft gebe[40], könne es auch folgerichtig Verpflichtungen nur in der Gesellschaft geben. Sie setzten so wie das Recht einen Herrscher voraus, so daß sie eigentlich nicht aus Verträgen entstehen könnten[41]. Rückblickend hat Thomasius später seine Definition aus den Institutiones für obligatio präzisiert und mit seinen neuen Vorstellungen in Übereinstimmung gebracht: „Facile hinc patet, quod obligatio in lib. 1. Inst. Iurispr. divin. c. 1. u. 134. 135 definita sit obligatio non in genere, sed obligatio saltem externa, et quod obligatio interna sit vinculum voluntatis aeque forte, si non fortius, quam obligatio externa. Imo prudentiores sunt, qui obligatione interna duce actiones instituunt, quam qui externa . . ."[42].

Wenn nun Thomasius in den Observationes — die auch hier ihre Schlüsselrolle unter Thomasius' Schriften beweisen[43] — und anschließend in den Fundamenta mit Hilfe des Begriffs der Erzwingbarkeit jene berühmt gewordene Bestimmung der lex naturalis als „Ratschlag" und der lex humana als „Befehl" gewinnt[44], so ist es nicht schwer, aus allen diesen Stellen auf eine Entwicklung zu schließen, die Thomasius, angefangen von der noch ganz Pufendorfschen „Imperatividee"[45] der Institutiones, zum „Rechtspositivismus" und zur „Machtidee" geführt habe[46] und damit zu einer Veräußerlichung und

---

[37] Institutiones, 1, I, 85.

[38] Aber während Pufendorf auch das Naturrecht aus einem Rechtssetzungsakt herleitet, fehlt dieses Merkmal dem Naturrecht in Thomasius' System.

[39] Institutiones, 1, I, 134.

[40] Institutiones, 1, I, 100 f.

[41] Institutiones, 1, I, 136.

[42] Observationes, 6, XXVII, 10.

[43] Vgl. dazu *Schubart-Fikentscher*, Unbekannter Thomasius, S. 45 ff.

[44] Vgl. Fundamenta, 1, V, 34, und Observationes, 6, XXVII, 28 ff.

[45] *Sauter*, Grundlagen, S. 173, Anm. 3.

[46] *Sauter*, a. a. O.

Verflachung des Rechts zu einer bloßen „Zwangsordnung"[47]. Doch gegenüber der Behauptung, daß Thomasius infolge seiner Gleichsetzung von lex naturalis und consilium dem Naturrecht die vis obligandi überhaupt abspreche und daß bei ihm das natürliche oder göttliche Recht diesem ausgeprägten Rechtspositivismus „nur als ein goldener Hintergrund" diene[48], erscheint eine stärkere Rückbesinnung auf den Text der Thomasischen Schriften angebracht. Das ist um so mehr berechtigt, als der teils synonyme, teils scharf unterschiedene Gebrauch der Worte „jus" und „lex" und nicht minder die Differenzierung zwischen „Recht", insbesondere „Naturrecht" und „Gesetz" im engeren (eigentlichen) und im weiteren Sinne, so wie die Aufspaltung des Pflichtbegriffs in erzwingbare (äußere) und nicht erzwingbare (innere) Verpflichtungen zu einer Fülle von Mißverständnissen Anlaß gibt.

Was Thomasius dem Recht im eigentlichen Sinne an innerer Verpflichtungskraft durch die Gleichsetzung mit dem Begriff der Erzwingbarkeit nimmt, das gibt er ihm auf der anderen Seite über das Element der inneren Verpflichtung dort wieder zurück, wo er das Recht im weiten Sinne versteht. Es ist eine allzu grobe Vereinfachung, nur gebannt auf jenes Attribut der Erzwingbarkeit und Äußerlichkeit zu achten und dabei die eigentliche Vielfalt und Differenziertheit des Thomasischen Rechts- und Gesetzesbegriffs zu übersehen.

Im ersten Buch der Fundamenta widmet Thomasius das ganze fünfte Kapitel den Begriffen jus, lex und obligatio. „Jus sumitur varie. Potissimum vel pro norma actionum, vel pro potentia agendi in relatione ad illam normam, Secundum stylum Grotii vel pro lege, vel pro attributo personae". Diese Unterscheidung in § 1 des fünften Kapitels bestimmt dessen ganze zweite Hälfte; die §§ 29 bis 58 behandeln das „jus pro lege acceptum", die §§ 59 bis 64 das „jus pro attributo personae acceptum". Im letzteren Sinne wird jus als „potentia moralis ad normam relata" oder, wie die folgenden Paragraphen zeigen, als „potestas" verstanden, also unzweifelhaft als subjektives Recht. Die Definition für lex in §§ 2 und 3 macht zugleich auch deutlich, wie Thomasius mit den in weitem und in strengem Sinne genommenen Begriffen zu arbeiten versteht: „Tot sunt significationes legis, quot sunt significationes normae actionum moralium. Unde in lata significatione lex denotat praecepta doctrinalia, (consilia) jussa regum et dominorum ... Stricte lex sumitur pro jussis imperantium seu Dominorum, sive Regum et Magistratuum, strictissime pro jussibus universalibus imperantium in Repub." Die Wirkung des Gesetzes sei im strengen Sinne nur die: etwas gebieten und etwas verbieten;

---

[47] *Wieacker*, Privatrechtsgeschichte, 1. Aufl., S. 190.
[48] *Sauter*, Grundlagen, S. 173, Anm. 3 f.

mittelbar folge daraus: Strafe durch die Obrigkeit, gerichtlicher Zwang und Unwirksamkeit der gegen das Gesetz verstoßenden Handlungen[49].

Die Erlaubnis (permissio) dagegen sei nicht Sache des Gesetzes, denn wer erlaube, der schreibe nicht vor; es sei denn, man wolle unter der Erlaubnis die Bekräftigung oder die Begründung eines Rechtes verstehen, das einem anderen zustehe (§ 6). Deshalb hält Thomasius den größten Teil der Auseinandersetzung um gebietende und verbietende Gesetze für einen müßigen Streit (§ 7). In jedem Falle sei es nicht nur die Wirkung, sondern die Absicht des Gesetzes, Verpflichtungen zu begründen, einmal bloß äußere, das andere Mal auch innere Verpflichtungen, nämlich wenn das Gesetz in weitem Sinne verstanden werde. Da es nun bekannt sei, daß jus und obligatio einander entsprächen („jus et obligationem esse correlata"), so könne mit Hilfe dieser „doctrina correlatorum" leicht gezeigt werden, was „Recht" im Sinne eines „attributum personae" — als subjektives Recht also — wirklich sei[50]. Während die Verpflichtung den Willen und seine äußere Handlungsfreiheit beschränke, erweitere das Recht als „potestas" oder „potentia agendi" den Spielraum des Willens, indem es mittels der Gesetze Hindernisse beseitige und Hilfe gewähre. Daher werde die Verpflichtung eine „qualitas moralis passiva", das Recht aber eine „qualitas moralis activa" genannt[51].

Von der Grotianischen Einteilung des Rechts in vollkommenes und unvollkommenes hält Thomasius nicht viel[52], und ebenso verwirft er auch die — später durch Christian Wolff wieder so zu Ehren gekommene — Unterscheidung zwischen vollkommenen und unvollkommenen Verpflichtungen, da er in diesem Zusammenhang vollkommen und unvollkommen nicht im Sinne von durchsetzbar, sondern

---

[49] Vgl. zu dieser Stelle Fundamenta, 1, II, 26 ff. — Schon Battaglia ist übrigens mit Nachdruck der Ansicht entgegengetreten, daß Thomasius Recht und Moral völlig voneinander trenne, vgl. *Battaglia*, Christiano Thomasio, S. 242 ff.

[50] Fundamenta, 1, V, 8.

[51] Fundamenta, 1, V, 9. Recht und Verpflichtung, beide gehören zur Norm, auf die sie sich beziehen, aber in unterschiedlicher Weise: Die Verpflichtung entspringe der Norm gleichsam als jener effectus primarius, den der Gesetzgeber zuallererst im Auge habe, das — subjektive — Recht dagegen sei nur ein effectus secundarius, der nur indirekt beabsichtigt sei, sofern er sich als Korrelat zur Verpflichtung ergebe, Fundamenta, 1, V, 10; „nulla norma moralis est sine obligatione, nulla obligatio sine norma", ist in der 4. Auflage als Fußnote hinzugefügt. — Angeborene und erworbene Rechte (jura connata — jura acquisita) unterscheiden sich von diesem Standpunkt aus nur dadurch, daß diese vom Willen des irdischen Gesetzgebers abhängen, jene nicht, Fundamenta, 1, V, 11.

[52] Fundamenta, 1, V, 23.

als Kennzeichnung für die Werthaftigkeit der einzelnen Pflichten betrachtet: „Und indem die innerliche Verpflichtung vollkommener ist, als die äusserliche, so kann jene nicht unvollkommen, diese aber vollkommen genennet werden“[53].

Die Einteilung des als „Gesetz“ verstandenen Rechts in natürlich und in positiv ergibt sich für Thomasius ähnlich wie für Pufendorf ganz folgerichtig aus dem principium cognoscendi. „Das natürliche Recht wird aus dem Vernunfft-Schlusse oder ratiocination eines ruhigen Gemüths erkannt, das offenbarte oder gegebene Recht erfordert eine Offenbarung und Verkündigung“[54]. Unter natürlichem Recht im weiten Sinne mag man alle moralischen Gebote verstehen, die durch Vernunftschlüsse herzuleiten sind, seien es nun die Regeln des Gerechten oder auch die des Ehrbaren und Anständigen. Im strengen Sinne verstehe man aber unter dem natürlichen Recht nur die Gebote des Gerechten und unterscheide sie nachdrücklich von den Grundsätzen des Ehrenhaften und Anständigen[55].

Mit aller Deutlichkeit zeigt sich hier wieder, daß auch in den Fundamenta die menschliche Vernunft — in statu tranquillitatis animi —, nämlich der von den Affekten und Passionen unbeeinflußte Verstand, das Erkenntnisprinzip des natürlichen Rechts geblieben ist. Nur ist an die Stelle des Pufendorfschen Vernunftsoptimismus ein tief pessimistischer, den menschlichen Möglichkeiten gegenüber durchaus kritischer, sogar skeptischer Zug getreten. Aber gerade darin liegt ein kräftiger sittlicher Impuls, daß sich der Mensch aus der Sphäre des bloß Gerechten in die des Anständigen und Ehrbaren erheben soll[56], und dazu verhilft ihm das im weiten Sinne verstandene natürliche Recht. Und dadurch, daß Thomasius die Unterscheidung zwischen vollkommenen und unvollkommenen Verpflichtungen fallen läßt, wird ein klarer Rangunterschied zwischen inneren und äußeren Verpflichtungen gerade zugunsten der inneren Verpflichtungen sichtbar, sie sind „die vornembste Art der Pflicht“[57]. Freilich wird das natürliche Recht im strengen Sinne auf die Lehre von den äußeren Verpflichtungen beschränkt; doch es scheint, daß Thomasius damit das Pufendorfsche Sozialitätsprinzip bis zur letzten Konsequenz durchdenkt, wenn er zum Hauptinhalt seiner Lehre jenes Minimum erhebt, das erforderlich ist zur Bewahrung des äußeren Friedens zwischen den Menschen.

---

[53] Fundamenta, 1, V, 24, zitiert nach der Zeidlerschen Übersetzung, deren Schreibweise auch im folgenden beibehalten werden soll.

[54] Fundamenta, 1, V, 29.

[55] Fundamenta, 1, V, 30.

[56] Vgl. Fundamenta, 1, VI, 71—80. Vgl. dazu auch oben S. 48 f. und S. 48, Anm. 21.

[57] Fundamenta, Vorrede, § 11, und 1, VI, 79.

Um nun aber jeden Zweifel darüber auszuschließen, daß das natürliche Recht auch dort, wo es von den äußeren Pflichten der Menschen spricht, selbst nur Gewissenspflichten begründen kann und nur mit dem Schutz natürlicher Strafsanktionen ausgestattet ist, betont Thomasius an dieser Stelle so nachdrücklich den auf die Formel „hic consilium — hic imperium" gebrachten Unterschied zwischen lex naturalis und lex positiva. Dann liest sich freilich jener so oft zitierte Satz „cave, ne putes ..." durchaus anders, als es gemeinhin geschieht: „Hüte dich demnach, daß du nicht meinest, als wenn das natürliche und gegebene, das göttliche und menschliche Gesetze Arten von einerley Natur wären: Das natürliche und göttliche Gesetze gehöret mehr zu den Rathschlägen, als zu denen Herrschafften, das menschliche Gesetze in dem eigentlichen Verstande genommen wird nur von der Norm der Herrschafft gesaget"[58]. Indem hier Thomasius die Unverbindlichkeit der lex naturalis im Bereich des Rechtlichen postuliert, setzt er nur folgerichtig jene positivistischen Gedankengänge fort, die schon bei Pufendorf anzutreffen sind. Die zumindest theoretisch überall wirksame Geltung der naturrechtlichen Normen in jedem Staate, so wie sie Pufendorf versteht, fällt jetzt hinweg, und das positive Recht erlangt eine Wirksamkeit, die sich geradezu umgekehrt verhält zur Fähigkeit des — getrübten — menschlichen Verstandes, die Sätze des Naturrechts zu erkennen. „Auch das positive Recht dient der Erhaltung des äußeren Friedens, d. h. der Gerechtigkeit. Den Vorschriften des Naturrechts ‚im engeren Sinne' fügt es die Sanktion durch die Strafandrohung hinzu. Dadurch gewinnen aber diese für den Törichten — der sie nicht schon aus verständiger Überlegung befolgt — ebenfalls den Charakter von Zwangsnormen ...; das positive Recht fügt dem Naturrecht den äußeren Zwang hinzu und sorgt damit — im Interesse der Erhaltung der Menschheit, die ja ohne das im justum verkörperte Mindestmaß an Sittlichkeit nicht bestehen kann — für die Einhaltung des Naturrechts ‚im strengen Sinne' auch durch diejenigen, deren Einsicht nicht ausreichen würde, um ihren Willen dem Rechte gemäß zu bestimmen"[59]. Und damit wird das Naturrecht im eigentlichen Sinne zur Lehre von denjenigen Pflichten, die im Staate „durch die Anwendung des Zwanges garantiert werden" sollten[60], um so ein friedliches Zusammenleben der Bürger überhaupt erst zu ermöglichen.

---

[58] Fundamenta, 1, V, 34; vgl. dazu auch Fundamenta, Prooem., § 9: „... legem divinam, quatenus de jure Naturae et Gentium usurpatur, esse speciem legis laxius acceptae ..." Zur „positivistischen Zersetzung" des Lex-Begriffes durch Thomasius vgl. *Sauter,* Grundlagen, S. 222.

[59] *Larenz,* Sittlichkeit, S. 214 f.

[60] So richtig *Warnkönig,* Rechtsphilosophie, S. 58, auf den Larenz mit Recht hinweist.

2. *Die Unterscheidung zwischen peccatum und delictum in Thomasius' Straftheorie und seine Auffassung von den Sittlichkeitsdelikten*

Die Strafgewalt des Herrschers ist auch für Thomasius die entscheidende Grundlage jeder Gesetzgebungsbefugnis, die sonst „vergeblich wäre"[61]. „Es wird der Mensch durch seine angebohrne Neigungen dahin getrieben, daß er niemand unterthänig seyn, sondern alles nach seinem Kopff machen will, und kaum durch Furcht der Straffe dahin zu bringen ist, daß er den regierenden gehorsam leiste, und seine wilde Art und sein Gemüth, so zu vielen Lastern, von denen man auch bey den Bestien nicht einmal ein Gleichnis findet, geneigt ist, ablege"[62]. Die Strafdrohung ist die Grundlage für die Verpflichtungskraft des publizierten menschlichen Rechts, gleichsam schon das äußere und sichtbare Kennzeichen für die Verbindlichkeit des positiven Rechts[63]. Dieses kann „wegen der sonderbaren Nutzbarkeit vieles verbiethen, welches das Recht der Natur unberühret lässet, und also in dieser Absicht dem Rechte der Natur einigen Schutz geben"[64]. Das ist der Pufendorfsche Gedanke von der Schutzfunktion des menschlichen Rechts für das Naturrecht, oder genauer noch, von der Aufgabe des menschlichen Rechts, die vom Naturrecht gewollte Ordnung zu verwirklichen. Dabei geht es in besonderem Maße um die Ordnung in jenem Bereich, der unter naturrechtlichen Gesichtspunkten indifferent ist und der doch einer klaren Regelung bedarf, soll nicht das Ziel des allgemeinen Friedens im Staate unerreicht bleiben[65].

Bei der Definition der Strafe legt Thomasius die in Ansätzen schon bei Pufendorf zu beobachtende Unterscheidung zwischen Sünde und Verbrechen zugrunde. Nachdem er die Strafe in Hinblick auf das, was durch sie zugefügt wird, als einen „Schaden" bestimmt hat, der sehr wohl zu unterscheiden sei von der Schadensersatzleistung an das Opfer, und er unter „Strafe" im strengen Sinne auch nur einen „wirklichen Schaden" verstehen will „an einem Gut des Leibes oder auch an der Ehre" — so daß die Geldstrafe (Buße) eigentlich nicht unter den Begriff der Strafe fällt[66] —, versucht er, die Strafe auch in

---

[61] Institutiones, 3, VI, 147; 3, VII, 7 und 63.

[62] Institutiones, 3, VI, 22.

[63] „Lex autem (qua pacto opponitur) semper est actus superioris jus puniendi, judicialiter cogendi, et annullandi habentis ..."; Observationes, 6, XXVII, 22 f.

[64] Fundamenta, 1, V, 53. Vgl. dazu auch oben S. 55.

[65] Vgl. in diesem Zusammenhang zu Pufendorf oben S. 17 ff. und zu Thomasius oben S. 55.

[66] Institutiones, 3, VII, 8 ff.

Hinblick auf die Person, „welche straffet", zu bestimmen: „In ansehen der Person welche straffet, wird das Wort Straffe genommen I. In weitleufftigen Verstande, auch vor der Straffe, welche den Menschen von Gott allerley Sünde wegen angethan wird, es geschehe gleich unmittelbarer weise, oder vermittelst der Menschen. Also wird Kranckheit und ander Übel, welches wir dem Unglück insgemein zuschreiben, auch eine Straffe genennet ... II. Im engern Verstande wird es vor eine Straffe genommen, welche ein Mensch dem andern anthut, es sey nun gleich dieselbe Person die da straffet, seines gleichen, oder höher als der ander der gestrafft wird ... III. Im genauesten Verstande vor eine Straffe, welche einem Verbrecher von dem oberherrn zuerkannt wird"[67]. Es könnten also auch Menschen Sünden „bestrafen", dann handelten sie aber in göttlichem Auftrag und hätten nichts mit jener Strafe zu tun, die der Herrscher im Staat über Verbrecher verhänge. Was aber die Strafgewalt Gottes selbst betreffe, so bleibe sie in einer juristischen Abhandlung ganz außer Betracht[68].

Ihrer Natur nach ist also die Strafe Menschenwerk, ein willkürlich auferlegtes Übel. Das ergänzt Thomasius noch durch den Gedanken, daß das Recht der Natur bloß sage, die Übertreter der Gesetze verdienten Strafe, und bei denjenigen, die nur durch das Recht der Natur regiert würden, gebe es allein den kriegerischen Zwang, aber keine Strafe, und der Strafkrieg des Grotius sei schon lange verworfen[69]. „Ferner so wird eine jede Straffe sichtbarer Weise aufgelegt, allein die Übel, so Gott denen Übertretern des natürlichen Rechts gesetzet hat, kommen verborgen und heimlich, das ist, die Verknüpffung des Übels mit der Sünde fället nicht in die Augen, obgleich vielleicht das Übel selbst sichtbar ist"[70]. Da das natürliche Recht zu seiner Geltung keine impositio voraussetze, könne man sich Gott auch eher als einen Lehrer des natürlichen Rechts vorstellen denn als

---

[67] Institutiones, 3, VII, 11 ff.; das ist erheblich klarer formuliert als bei Pufendorf.

[68] Institutiones, 3, VII, 22.

[69] Fundamenta, 1, V, 38.

[70] Fundamenta, 1, V, 39. So ist es die Aufgabe des „äußerlichen Gottesdienstes", die göttliche Strafgewalt vor allem über die heimlichen und unbekannten Taten nachdrücklich zu verdeutlichen; allein schon deshalb ist der Religionsdienst im Staate nötig, vgl. dazu Thomasius' Dissertation ‚Von der Pflicht eines Evangelischen Fürsten', § 26. Vgl. aber auch Institutiones, 2, I, 20—24, wo sich Thomasius noch außerordentlich zurückhaltend über den Nutzen des äußerlichen Gottesdienstes für den Staat äußert. Anders in den Fundamenta! Dort rechnet Thomasius den äußerlichen Gottesdienst zu den aus dem Diktat der Vernunft fließenden Pflichten eines Weisen, vgl. Fundamenta, 2, I, 19 und 20. — Hier decken sich des Thomasius Vorstellungen, „dass der Gottesdienst in einer Republique sehr nothwendig sey",

herrscherlichen Gesetzgeber[71]. Damit ist der Begriff der Strafe weitaus schärfer als bei Pufendorf mit den menschlichen Gesetzen verknüpft, und die Strafe wird jetzt unmißverständlich von jenen Übeln unterschieden, die Gott den Sündern auferlegt.

Sauter betont zu Recht, daß die Lehre von den „natürlichen Strafen" einer der Hauptfehler der aufklärerischen Naturrechtslehre sei; denn eine notwendige Verknüpfung von Ursache und Wirkung lasse sich nur im Bereich der Biophysis behaupten, nicht aber für die Welt des Sittlichen[72]. Aber gerade durch diese Vorstellung von den „natürlichen Strafen" ist der Blick geschärft worden für den Unterschied von delictum und peccatum; die Verletzung des natürlichen Rechts und die dieser Verletzung notwendig folgende Strafe fallen in die Zuständigkeit der göttlichen Strafgewalt, das heißt aber, daß mit der deutlichen und von Thomasius schließlich auch mit aller Konsequenz durchgeführten Abgrenzung des menschlichen von dem ihm gleichsam nur analogen natürlichen Recht die Störung der naturrechtlichen Ordnung als etwas völlig anderes erscheinen muß als die Verletzung menschlicher Normen. Verliert das Naturrecht die Kraft, im Bereich des justum zu verpflichten, so kann — ausnahmslos, und das ist der entscheidende Unterschied zu Pufendorf — der irdische Herrscher nur die Verletzung jener naturrechtlichen Sätze bestrafen, die durch sein Gesetz sanktioniert worden sind. Das, was man als ausgeprägt positivistisches Element in der Rechtslehre des Thomasius bezeichnet, wird also in Verbindung mit der Lehre von den natürlichen Strafen, die nur im uneigentlichen Sinne noch Strafen sind, zum letzten Anstoß für die endgültige Trennung von Sünde und Verbrechen.

Geht es aber nicht darum, Gottes beleidigte Majestät zu schützen, so taucht mit besonderem Nachdruck die Frage nach dem Zweck der

---

mit der späteren Auffassung Christian Wolffs, der die für den Absolutismus so wichtige Rolle der Religion richtig erkannt und zu einer Grundlage seiner Staatslehre gemacht hat; vgl. dazu *Frauendienst*, Staatsdenker, S. 156 f. Damit geht es letztlich bei Wolff um die Dienstbarmachung des religiösen Bereichs für die Zwecke der absolutistischen Staatsführung, und so wird jene Grenzlinie verwischt, mit der Thomasius nicht nur den Staat vor kirchlicher Bevormundung, sondern gerade auch der Kirche Freiheit vor staatlichem Reglement sichern wollte, vgl. hierzu *Wolf*, Rechtsdenker, S. 409—411.

[71] Fundamenta, 1, V, 40. Bleibt im Gegensatz zu Gott das Interesse des irdischen Gesetzgebers auch in aller Regel auf das äußere Verhalten der Bürger beschränkt, so unterliegt seiner Strafgewalt doch alles, was den öffentlichen Frieden und die allgemeine Ruhe stören kann; Historia contentionis, I, 5. Zur Weiterentwicklung dieses Gedankens bei Wolff vgl. *Wolff*, Politik, § 319, ferner *Frauendienst*, Staatsdenker, S. 156 ff., und *Marchet*, Studien, S. 242 ff., und unten S. 103 ff.

[72] *Sauter*, Grundlagen, S. 222.

Strafe auf. Diese Fragestellung ist nicht neu, sie wird aber von Thomasius jetzt nur noch mit dem allein aufs Diesseits bezogenen Ziel aller staatlichen, von menschlichen Gesetzen geschaffenen Ordnung beantwortet[73]. Unter „gleichen Personen" verteidige einer gegen den anderen nur seine Freiheit und seine eigene Ruhe und gebe sich zufrieden, wenn er das erlangt habe. Im Staate aber „trachtet der Fürst darnach, daß er seine Unterthanen durch vorgestellete Straffe und Belohnung fromm mache" („... at in Republica princeps studet bonos efficere suos cives propositione praemiorum et poenarum")[74]. Unter diesem „fromm machen" versteht Thomasius nichts anderes als die „gemeine Besserung" — die Zeidlersche Übersetzung trifft hier nicht mehr den heutigen Wortsinn —, die stets wichtiger sei als die Besserung des Verbrechers, oder allgemein: Die irdische Strafgewalt ist wie „alle Regalien mehr auff den gemeinen Nutzen, als auff einzelner Personen Nutz gerichtet"[75]. Insofern schließt sich Thomasius ebenfalls der Auffassung an, daß die Strafe ein zukünftiges Gut bezwecken müsse und gerade dadurch von der Rache unterschieden sei[76]. So heißt die Pflicht des Fürsten: „Straffe die Verbrecher, so weit es zum Nutzen der Republic nötig ist"[77]. Wieder begegnen wir hier wie bei Pufendorf dem Staatswohl als dem entscheidenden Gesichtspunkt bei der Festsetzung der Strafen allgemein, bei der Strafdrohung und bei der Strafzumessung im Einzelfall[78]. Aber die Betonung ist verschoben, denn die Freiheit, die dem Fürsten in Hinblick auf das Staatswohl eingeräumt wird, ist erheblich größer. Das Gebot nämlich: „Straffe das Thun, welches der Republic Schaden bringt, und darinnen Besserung zu hoffen"[79], schließt weder aus, daß der „Nutzen der Republic" auch die Bestrafung bloßer Gedanken fordert — das will Thomasius gerade in bezug auf die Majestätsverbrechen festgestellt wissen[80] —, noch, daß auch dort gestraft wird, wo Besserung

---

[73] Mit dem Wegfall aller theokratischen Rechtfertigungs- und Zweckelemente hat selbstverständlich zuallererst die Ketzerei ihren Charakter als öffentliches Verbrechen verloren. Es ist bemerkenswert, wie Thomasius in der Auseinandersetzung um seine Dissertation ‚An haeresis sit crimen' aus dem Jahre 1697 auf Luther selbst zurückgreift, um der lutherischen Orthodoxie gegenüber die Sinnlosigkeit der Ketzerbestrafung zu erweisen; vgl. Programmata Thomasiana, Nr. 18—23.

[74] Institutiones, 3, VII, 42.

[75] Institutiones, 3, VII, 43.

[76] Institutiones, 3, VII, 46 ff.; vgl. auch Institutiones, 3, VII, 38, 39, und besonders deutlich Institutiones, 3, VII, 25.

[77] Institutiones, 3, VII, 101, ferner 115.

[78] Institutiones, 3, VII, 118 f. Vgl. dazu oben S. 35.

[79] Institutiones, 3, VII, 102.

[80] Institutiones, 3, VII, 113.

nicht mehr zu hoffen ist[81]. Auch ist die Strafe zu erlassen, wo Straflosigkeit mehr Nutzen stiftet als die Bestrafung[82].

Damit rückt die Bedeutung der bloßen Strafandrohung in die zweite Linie; die Androhung der Strafe im Gesetz ist lediglich das Kennzeichen für die äußere Verpflichtungskraft des menschlichen Gesetzes, aber der potentielle Täter kann niemals mit Bestimmtheit annehmen, daß er tatsächlich bestraft wird, denn immer bleibt denkbar, daß ein besonderes Interesse des Staates seine Straflosigkeit fordert. So entfällt gerade jener Gesichtspunkt, der die Anhänger der psychologischen Zwangstheorie zum völligen Ausschluß jedes Begnadigungsrechts geführt hat. Und während Pufendorf auf den Vorgang der Willensbildung in der Brust des noch unschlüssigen Täters so großes Gewicht legt[83], taucht dieser Gedanke bei Thomasius in der Straftheorie kaum auf, hier denkt Thomasius vielmehr an die Wirkung, die vom Exempel der Strafvollstreckung auf andere mögliche Täter ausgeht[84]. Gewiß lassen sich Stellen anführen, wo die Theorie vom psychologischen Zwang anklingt[85], aber Thomasius bekennt sich zu ihr nicht. Denn im Grunde ist er — worauf Nagler mit Recht hinweist — Determinist, dabei freilich vom „starren Mechanismus eines Hobbes ganz frei"[86]. So ist es selbstverständlich, daß Thomasius mit besonderer Sorgfalt Fragen der Strafzumessung behandelt, auch hier grundsätzlich unter dem Aspekt der „allgemeinen Besserung", so daß es wohl geschehen mag, „daß zwey ungleiche Verbrechen auff einerley Art gestrafft werden"[87]. Und doch spielt dabei auch der Gedanke der Proportionalität eine erhebliche Rolle, das heißt, der Richter hat sowohl die Schwere des Verbrechens wie auch die Person des Verbrechers zu berücksichtigen[88]. Damit zeigt sich, daß Thomasius das Prinzip der Abschreckung nicht etwa folgerichtig durchführt, sondern er sich letztlich doch zu jener Strafzumessungslehre bekennt, die der Praxis seiner Zeit entsprach. Unvermittelt steht da neben dem Gedanken der Abschreckung die Vorstellung von der — im Sinne der herkömmlichen Theorie verstandenen — Proportion zwischen Tat und Strafe, so daß es sich doch schließlich um echte Vergeltung handelt.

Wenn man der Strafandrohung bei Thomasius — außerhalb seiner Straftheorie — eine gewisse Bedeutung einräumen will, so ist das

---

[81] Institutiones, 3, VII, 114.
[82] Institutiones, 3, VII, 115 f.
[83] Vgl. oben S. 22 ff.
[84] Vgl. insbesondere Institutiones, 3, VII, 43 f.
[85] So etwa Fundamenta, 1, VII, 14 ff.
[86] *Nagler,* Strafe, S. 306, Anm. 3.
[87] Institutiones, 3, VII, 118 f.
[88] Institutiones, 3, VII, 120 ff.

ähnlich wie bei Pufendorf nur unter dem Gesichtspunkt seiner Anthropologie möglich, wie sie sich auf späterer Entwicklungsstufe bei ihm zeigt. Denn seine zunehmend pessimistische Haltung führt ihn endlich zu dem Schluß: „Strafvorschriften sind letzten Endes keine im engeren Sinne vernünftige Hilfe, die Menschen zu bessern. Im Grunde hüten sie sich doch nur zu sündigen aus Furcht vor Üblem, vor Strafen, also beherrscht von einer Leidenschaft, die ihren Willen nicht frei läßt"[89]. Auf dieser Furcht, die den Willen zu zwingen vermag[90], gründet Thomasius ja geradezu die Begriffsbestimmung der Pflicht, nämlich als einer „Neigung des Willens durch die eingejagte Furcht"[91]. Und da die „Narren" die äußeren und willkürlich auferlegten Strafen mehr fürchten als die inneren, die notwendig und unausweichlich folgen, so ist die Macht der Strafandrohung neben der sichtbaren und abschreckenden Strafvollstreckung als unerläßliches Hilfsmittel dem Fürsten in die Hand gelegt. Er nennt, bezeichnet und beschreibt das, was er als kriminelles Unrecht verstanden wissen will.

Mit dieser Trennung der göttlichen Strafgewalt von der in der ganzen Naturrechtslehre so außerordentlich ernst genommenen irdischen Strafbefugnis wird auch die Abgrenzung jener beiden Bereiche voneinander wichtig in Hinblick auf solche Verstöße, die einmal die göttliche, das andere Mal die von Menschen gefügte Ordnung verletzen. Bei Pufendorf zwar sind es trotz der allgemeinen Regel von der subsidiären Geltung des Naturrechts tatsächlich nur die positiven menschlichen Gesetze, die vor Gericht Geltung beanspruchen können, aber dabei bleibt die Unterscheidung zwischen Sünde und Verbrechen ohne größere Bedeutung, solange die lex humana im wesentlichen den Inhalt naturrechtlicher Sätze übernimmt oder — so wie es Pufendorf versteht — der Verwirklichung des Naturrechts in der societas dienen soll. Auch ist ja Pufendorf immer wieder bemüht, die Übereinstimmung des Naturrechts mit dem geoffenbarten Willen Gottes zu betonen, so daß der Unterschied zwischen Sünde und Verbrechen nicht als grundsätzliches Problem auftauchen kann[92]. Er ergibt sich hier gleichsam nur als Begleiterscheinung bei der Abgrenzung göttlicher und menschlicher Strafen voneinander und folgt dabei insbesondere aus der Tatsache, daß sich der Zweck der in Menschenhände gelegten Strafgewalt nicht anders als das auf den Kreis des irdischen Lebens begrenzte Naturrecht im diesseitigen Leben allein schon erfüllt.

Bei Thomasius erscheint aber ein neuer Gesichtspunkt, als er die deutliche Unterscheidung zwischen lex naturalis und lex positiva uni-

---

[89] *Schubarth-Fikentscher,* Unbekannter Thomasius, S. 47; gemeint ist die Stelle Observationes, 2, XII, 59.

[90] Vgl. Fundamenta, 1, I, 40 und 1, IV, 58.

[91] Fundamenta, 1, IV, 60; vgl. dazu auch Fundamenta, 1, IV, 58.

[92] Vgl. dazu oben S. 42.

versalis seinen Institutiones voranstellt[93]. Mit der lex positiva universalis meint Thomasius das geoffenbarte göttliche Gesetz, das für alle Menschen verbindlich sein soll, oder, wie es in der Zeidlerschen Übersetzung heißt, das dem Recht der Natur entgegengesetzte „moralische Gesetz"[94]. Was Thomasius unter dieser lex positiva universalis versteht, zeigt sich am deutlichsten bei seiner Lehre von den Strafen, wo er neben der aus dem Naturrecht fließenden Theorie von der irdischen Strafgewalt die Frage behandelt, in welchem Maße das geoffenbarte göttliche Gesetz in diese naturrechtliche Straflehre hineinwirke, „was das göttliche Gesetz in der Lehre von Straffen zu den Geboten des natürlichen Gesetzes hinzu thue"[95]. So kommt er, dabei durchaus der Praxis seiner Zeit folgend, zu der genau dem „göttlichen Gesetz" entsprechenden Bestrafung für Totschlag und die im dritten Buch Mosis genannten Laster[96]. In diesen Fällen muß sogar das Begnadigungsrecht des Fürsten, der doch den Nutzen des Staates im Auge hat, dem ausdrücklich bestimmten göttlichen Willen weichen[97]. Aber mit dem Wegfall des jus positivum universale in den Fundamenta sinkt auch dieses unmittelbare Eingreifen der göttlichen Strafgewalt in die irdische Strafrechtspflege, ihre Vorbildlichkeit und durch kein Begnadigungsrecht zu mindernde Absolutheit dahin, und die Strafe wird endgültig zu einer weltlichen Einrichtung[98].

An weiterer und entscheidender Stelle ist es die Lehre vom Ehestand, wo sich diese Unterscheidung in lex naturalis und lex positiva universalis auswirkt, und damit sind es ganz allgemein die Sittlichkeitsdelikte, die von dieser Differenzierung und ihrer späteren Aufhebung und Überwindung in den Fundamenta betroffen werden. Beide Arten des Rechts sind, das muß zuvor deutlich betont werden, ihrem Ursprung nach göttlich[99]. Aber gerade die „Pflicht des Menschen in ansehen der ehelichen Gesellschaft" zeigt, wie wichtig es Thomasius ist, zwischen der lex naturalis und der lex positiva universalis zu unterscheiden: „Denn wenn wir die Wahrheit bekennen wollen, so müssen wir sagen, daß keine menschliche Gesellschaft ist, welche Gott durch so viel absonderliche Gebote verwahret hat, als die eheliche, wie wir uns denn sehr bemühen wollen, dieselbe von den natürlichen Gesetzen genau abzusondern, wir werden von diesen den Anfang machen, damit wir hernachmahls desto besser erklären können, was

---

[93] Vgl. Institutiones, Praefatio, § 20.

[94] ebenda.

[95] Institutiones, 3, VII, 129.

[96] Institutiones, 3, VII, 135 ff.

[97] Institutiones, 3, VII, 132.

[98] Am Ende des 7. Kapitels bemüht sich Thomasius schon sehr deutlich, auf Fragen der geschichtlichen Entwicklung einzugehen.

[99] Institutiones, Praefatio, § 20.

die Offenbahrung hierinnen über die Vernunfft hinzu gethan“[100]. So komme es, daß durch die lex positiva universalis vieles verboten sei, was „das natürliche Gesetz nicht berührt“[101], ja was durch die lex naturalis fast geboten erscheine[102]. „Denn wir müssen“ — hier in Bezug auf göttliche Verbote gemeint — „die göttliche Weisheit nicht nach den Regeln menschlicher Weisheit abmessen, sondern wir sollen uns daran genügen lassen, daß eine solche Verrichtung zur Geselligkeit nicht nötig ist, besonders weil sich öffters begeben kan, daß bey einer Verrichtung viel umbstände zusammen kommen, deren eine mehr zu beförderung, die andere aber mehr zu Verstörung der gemeinen Ruhe menschliches Geschlechts sich neiget, welcher gestalt, wenn wir die göttliche Offenbarung nicht hätten, unsere Vernunfft öffters zweiffeln würde, ob es löblicher sey dasselbe Werck zu thun, oder zu unterlassen“[103].

Auch für Thomasius muß also das „Vernunftrecht der Ehe“ genauso wie vor ihm schon bei Grotius und bei Pufendorf „angesichts seiner historischen, seit dem späten Mittelalter kirchlichen Grundlagen zu einem Prüfstein“ werden für die selbständige Geltungsweise des jus naturale gegenüber dem jus divinum wie auch gegenüber dem jus civile; und so erweist sich das natürliche Recht der Ehe deshalb als „methodisch besonders ergiebig“[104]. Aus diesem Grunde handelt schon Grotius über das Eherecht weitaus gründlicher, als es aus Anlaß der völkerrechtlichen Fragestellung seines Kriegs- und Friedensrechtes notwendig wäre[105]. Die christliche und die naturrechtliche Auffassung von der Ehe brauchen sich in keinem Punkt zu widersprechen, aber schon die Tatsache, daß eine „naturrechtliche Auffassung“ von Ehe und Familie überhaupt möglich ist, macht allein schon deutlich, wie weitgehend bereits die Trennung von Naturrecht und Offenbarung wirklich vollzogen wird.

So kennt bei Thomasius das natürliche Recht, das in den Institutiones nur auf der Übereinstimmung mit der geselligen Natur des Menschen beruht[106], die Ehe lediglich als eine Gesellschaft; diese brauche keineswegs auf Lebenszeit gegründet zu sein, sie könne aufgelöst werden, wenn die bei Eingehung der Ehe vereinbarte Zeit verstrichen oder der Zweck der Ehe (Zeugen und Aufziehen der Kinder) erreicht worden sei. Aus dem Recht der Natur jedenfalls sei

---

[100] Institutiones, 3, II, 4.

[101] Institutiones, 3, II, 8.

[102] Institutiones, 3, II, 11.

[103] ebenda.

[104] *Wieacker*, Privatrechtsgeschichte, 1. Aufl., S. 173. Vgl. auch die 2. Aufl., S. 297.

[105] *Grotius*, Jus belli ac pacis, 2, V, 8 ff.

[106] Institutiones, 1, II, 97; vgl. auch 3, II, 5.

die lebenslange Dauer der Ehe nicht herzuleiten, und mag es auch dem Zweck der Ehe am allermeisten entsprechen, wenn sie auf Lebenszeit geschlossen bleibe, so könne darin doch nur ein Unterschied im Grade der Vollkommenheit anderen ehelichen Gemeinschaften gegenüber erblickt werden, keine von ihnen aber müsse deshalb „unvernünftig" sein[107]. Und nun gewinnt Thomasius den Ausgangspunkt für alle weiteren Überlegungen dadurch, daß er auch von den bürgerlichen Gesetzen — die natürlich in einem christlichen Staat der Verwirklichung der lex positiva universalis dienen müssen — völlig absieht und damit auch das staatliche Interesse unberücksichtigt lassen kann und gleichsam abstrakt vom „Endzweck der ehelichen Gesellschaft" zu sprechen vermag[108].

So kommt Thomasius nicht nur zu einem sehr weitgefaßten, geradezu mit modernen Gesichtspunkten ausgestatteten Ehescheidungsrecht, sondern auch zur erneuten Bekräftigung des schon in der Dissertation ‚De crimine bigamiae' entwickelten und vor ihm schon von Grotius und Pufendorf ausgesprochenen Gedankens, daß die Polygamie dem Naturrecht nicht widerspreche[109]. Nicht anders ist es mit der Kuppelei, deren Verbot nur schwer aus dem Recht der Natur herzuleiten sei[110]; der Ehebruch wird zu einer bloßen Vertragsverletzung und verstößt deshalb gegen das naturrechtliche Gebot, daß Verträge zu halten seien[111]. Das betreffe freilich den unverheirateten Ehebruchspartner nicht; der verletze aber das Gesetz, daß man einen anderen nicht beleidigen solle[112]. Sei aber der andere Ehepartner damit einverstanden — und jeder könne sich seines Rechts begeben[113] —, so gebe es überhaupt kein naturrechtliches Verbot des Ehebruchs[114]. Am weitesten nimmt Thomasius die Blutschande von jeder naturrechtlichen Regelung aus. Da ist nicht einmal für das Verbot der Ehe zwischen Eltern und Kindern irgendetwas aus dem Recht der Natur herzuleiten[115]; Grotius findet wohl die Ehe zwischen Aszendenten und Deszendenten naturrechtswidrig, nicht dagegen die Ehe zwischen Geschwistern[116], während Pufendorf auch die Ehe zwischen Bruder und Schwester als Verstoß gegen das Naturrecht betrachtet[117].

[107] Institutiones, 3, II, 119—124.

[108] Institutiones, 3, II, 128 f. Vgl. ferner Institutiones, 3, II, 130, wo Thomasius die Ehe von der Familie abgrenzt.

[109] Institutiones, 3, II, 133—137; vgl. auch 3, II, 200 ff.

[110] Institutiones, 3, II, 219.

[111] Institutiones, 3, II, 216—218.

[112] Institutiones, 3, II, 217.

[113] Fundamenta, 1, V, 9.

[114] Institutiones, 3, II, 218.

[115] Institutiones, 3, II, 246.

[116] *Grotius*, Jus belli ac pacis, II, 5, 12 f.

[117] *Pufendorf*, Jus naturae, 6, I, 32 ff.

Damit folgt für die Ehe aus dem Lichte der Vernunft kaum mehr als der eine Satz: „Die Ehe ist eine Gesellschafft eines Mannes und eines Weibes wegen Kinderzeugens"[118], und für die Pflichten der Ehegatten das eine Gebot: „Beyde Ehegatten sollen thun, was die Vernunfft lehret, daß es zum Kinderzeugen, und nach diesem zu Dämpffung der geilen Lust geschickt sey"[119]. Einschränkungen dieser außerordentlich weiten Freiheit, nähere Ausgestaltung dieses vom Naturrecht weitgehend unbestimmt gelassenen Bereichs ergeben sich von zwei Seiten her, nämlich einmal aus der lex positiva universalis — und dieser Frage widmet Thomasius das ganze dritte Kapitel des dritten Buches der Institutiones — und zum anderen durch die lex positiva humana, die unter dem Gesichtspunkt des staatlichen Nutzens zum Beispiel die Ehescheidung ganz verbieten oder unter erheblich erschwerten Voraussetzungen zulassen kann.

So verbiete das geoffenbarte göttliche Gesetz Bigamie, Ehebruch und Blutschande durch eine Fülle genauer und ins einzelne gehender Vorschriften, es bestimme die Herrschaft des Mannes in der Ehe, ohne daß die Vernunft dafür eine Begründung finden könne[120], und lasse endlich auch nur eine unzertrennliche Gemeinschaft zwischen Mann und Frau als Ehe gelten[121]. Das Fundament aller dieser Gesetze sei das göttliche Gebot: „Seid fruchtbar und mehret euch", das freilich nichts anderes besagen wolle, als was der Mensch auch ohne Offenbarung aus dem Naturrecht selbst herleiten könne[122]. Aber auch bei allen anderen Geboten der lex positiva universalis in bezug auf die Ehe sei der Gebrauch der kritischen, vorurteilslos arbeitenden Vernunft nicht ausgeschlossen.

Thomasius zeigt gerade hier, daß die Auslegungskunst des Menschen auch vor dem göttlichen Willen nicht haltmachen muß. Denn sei es dem Verstand auch verwehrt, nach einer Begründung für die göttlichen Gebote und Verbote zu fragen, so könne er doch deren Sinn und ihre rechte Anwendung ermitteln. So scheide zunächst aus dem Kreis der Betrachtung aus, was bloß weltliches jüdisches Gesetz gewesen sei. Deshalb sei der aus der lex positiva universalis abgeleitete Begriff des Ehebruchs von der aus dem jüdischen Gesetz hergeleiteten Definition zu unterscheiden, die nur die Eheverletzung der Frau als Ehebruch bezeichnet habe[123]. Andrerseits gehöre alles zum allgemeinen geoffenbarten Gesetz, was nach Gottes ausdrücklicher Versicherung auch die Heiden verpflichte. Damit taucht für Thomasius das Problem

[118] *Thomasius,* Institutiones, 3, II, 248.
[119] Institutiones, 3, II, 249.
[120] Vgl. dazu *Grotius,* Jus belli ac pacis, 2, V, 8.
[121] *Thomasius,* Institutiones, 3, III, durchgehend.
[122] Institutiones, 3, III, 8 f.
[123] Institutiones, 3, III, 94—97.

auf, wie diese Gebote über den Kreis des jüdischen Volkes hinaus publiziert worden sein können[124].

Schließlich strebt die auf systematische Erfassung des ganzen Stoffes gerichtete Naturrechtslehre danach, auch dort noch vernünftige Regeln und allgemeine Sätze zu finden, wo das göttliche Gesetz nur eine lückenhafte Kasuistik bietet. Darum ist es nicht weiter erstaunlich, daß Thomasius den allergrößten Teil dieses Kapitels dem Verbot der Blutschande widmet: „Es hat Gott dieses Verbot nicht, wie wir gethan, in eine Regel eingeschlossen[125], sondern er hat viele und unterschiedene Personen erzehlet, von welcher Heyrath man sich enthalten solle. Daraus ist nun der Hadder wegen der daselbst nicht ausdrücklich genannten Personen entsprungen, wie auch wegen der Ursachen selbst"[126].

Während Thomasius in den Institutiones die Auslegung der göttlichen Gebote in bezug auf die Ehe und auf die Strafen ausdrücklich zur Rechtswissenschaft zählt[127], verwirft er in den Fundamenta diese Einbeziehung der Offenbarung in seine Abhandlung über das natürliche Recht als unzulässige Konfusion zweier verschiedener Prinzipien[128]. Daraus folgt nun freilich nicht, daß bei der „Verbesserung" der Institutiones durch die Fundamenta das Kapitel über die Ehe auf jene zwei Regeln zusammenschrumpft, die aus dem natürlichen Recht fließen, wohl aber verlieren nun die Verstöße gegen Gebote und Verbote in diesem Bereich ihren Charakter als Verletzung des allgemeinen göttlichen Gesetzes. Diese lex positiva universalis, von Thomasius zunächst als Fundament in sein naturrechtliches System einbezogen, entfällt ganz, und es bleiben die klar geschiedenen Bereiche der Offenbarung und des natürlichen Rechts übrig[129]. Dabei versäumt es Thomasius nicht, in einem besonderen Kapitel über die „geoffenbarten Gesetze" — in einem Kapitel also, das von seinem neuen Standpunkt aus eigentlich „ganz und gar" wegfallen müßte[130] — die göttlichen Gesetze über die Ehe entweder auf das mosaische Recht zu beschränken oder sie als eigennützige Erfindung der Päpste darzu-

---

[124] Vgl. dazu Institutiones, 3, III, 100 f.

[125] Vgl. Institutiones, 3, III, 99.

[126] Institutiones, 3, III, 103 f. Vgl. ferner, 3, III, 225; dort beschäftigt sich Thomasius mit der Frage, was dem irdischen Gesetzgeber noch zur Regelung übrigbleibe.

[127] Vgl. Institutiones, Praefatio, § 21.

[128] Vgl. Fundamenta, Praefatio, § 14 und § 17.

[129] Vgl. Fundamenta, Praefatio, § 16.

[130] Fundamenta, 3, III, 1; sein ganzes Programm für die Fundamenta, die ihm notwendig erscheinende Verbesserung der Institutiones, faßt Thomasius in der Einleitung zu den Fundamenta kurz zusammen, Praefatio, § 16.

stellen[131] und im übrigen das, was dann noch als allgemeines göttliches Gesetz übrigbleibt, als bloße Wiederholung oder Bekräftigung dessen zu betrachten, was er schon zuvor über die in der Ehe geltenden natürlichen Rechtsgrundsätze gesagt hat[132]. Daraus folgt für den irdischen Gesetzgeber die Verbindlichkeit des natürlichen Rechts anstelle der lex positiva universalis: „Denn weil kein allgemeines göttliches geoffenbartes Gesetze vorhanden ist, so kann auch ein Fürst im Gesetzgeben darauf nicht sehen, sondern es ist genug, wenn er nur die Gebothe des Natur- und Völcker-Rechts vor Augen hat, jedoch muß er den Unterscheid unter den Gebothen des ehrlichen, gerechten und anständigen wohl in Obacht nehmen ..."[133].

Die Grundsätze des justum, des honestum und des decorum sind es jetzt, die den zuvor von lex naturalis und lex positiva universalis gemeinsam beanspruchten Raum völlig ausfüllen und damit die „Nothwendigkeit des geoffenbarten Gesetzes in denen Ehe-Sachen" überflüssig machen[134]. Es ist geradezu erstaunlich, wie nun aus dem natürlichen Recht alles das hergeleitet werden kann, was in den Institutiones nur auf die lex positiva universalis zu stützen war. Man kann sagen, daß jetzt fast ausnahmslos zum Bereich des justum zählt, was zuvor die Vernunft aus dem natürlichen Recht schöpfen konnte, während der Inhalt der lex positiva universalis durch die Regeln des honestum und des decorum erfaßt wird. So bleibt der Ehebruch eine Verletzung des justum, aber als Verstoß gegen die zugesagte Treue oder das Recht eines anderen, das dieser aus der versprochenen Treue erlangt hat, verletzt der Ehebruch auch die Regeln des honestum und des decorum[135]. Dagegen verletzen die Polygamie — sowohl in der Form der „Vielweiberei" wie auch der „Vielmännerei" — und die Blutschande die Gesetze des Gerechten nicht, wohl aber verstoßen sie in mehr oder weniger starken Graden gegen die Regeln des Anständigen und „Ehrlichen"[136]. Endlich ergibt sich auch in bezug auf die Ehescheidung selbst keine Änderung; es bleibt bei der Thomasischen Vorstellung von den verschiedenen Stufen der Vollkommenheit einer Ehe, je nachdem für wie lange Zeit — ob befristet oder für das ganze Leben — sie geschlossen ist[137]; unvernünftig ist letztlich nur das, was die Regeln des Gerechten verletzt[138].

[131] Vgl. Fundamenta, 3, III, 33, 42—46, und ‚Juristische Händel', 1. Teil, Ziff. XXV.

[132] Vgl. Fundamenta, 3, III, 33.

[133] Fundamenta, 3, III, 35.

[134] Fundamenta, 3, II, 5 ff.

[135] Fundamenta, 3, II, 27.

[136] Fundamenta, 3, II, 34—38.

[137] Vgl. Institutiones, 3, II, 122, und oben S. 63.

[138] Vgl. Fundamenta, 3, II, 17: „Aber weil ... eine auf die gantze Lebens-Zeit gestifftete Ehe vollkommener sey, so muß es nunmehro nach Anweisung

Der pessimistische Grundzug der Thomasischen Sittenlehre, die Vorstellung von der Herrschaft der Leidenschaften, läßt Thomasius — in Hinblick auf die Rechtslehre jedenfalls — in der Ehe nichts anderes mehr sehen als eine notwendige und wünschenswerte Einrichtung zur Bekämpfung lasterhafter Begierden, die sonst nicht nur die „Gemütsruhe" des Menschen stören, sondern ihn zu „unanständigen", dann und wann auch „ungerechten" Verrichtungen antreiben würden, „nemlich des anderen sein Recht zu kräncken und die eheliche Treue zu brechen"[139]. Auch bei Grotius und bei Pufendorf verbietet das Naturrecht zwar weder Polygamie noch Blutschande, aber die christliche Moral wirkt insofern in das Naturrecht hinein, als sie mit Monogamie und Inzestverbot wohl die bessere Regelung der sexuellen Beziehungen bietet, sich also mühelos die christliche Eheauffassung als dem Naturrecht gemäß betrachten läßt. Ganz deutlich wird das bei Grotius, für den noch im thomistischen Sinne die unzertrennliche Einehe die Vervollkommnung des jus naturale durch die lex Christi ist[140]. Bei Pufendorf fehlt zwar der Bezug auf die lex Christi, aber die höhere Vollkommenheit der Einehe steht für ihn außer Frage[141]. Thomasius aber ist es, der hier mit Schärfe die Konsequenzen zieht. In der Dissertation ‚De crimine bigamiae' und in den Institutiones geht er über Grotius und Pufendorf nicht merklich hinaus, wenn er aus dem natürlichen Recht so gut wie keine Vorschriften für das Recht der Ehe gewinnt. Aber indem er durch seine Lehre von der lex positiva universalis die offenbarte, spezifisch christliche Vorstellung von der Ehe über den Kreis des Christentums hinaus verallgemeinert, löst er sie von ihrer Verknüpfung mit der christlichen Moral. Dann ist es nur folgerichtig, daß er sie nach der Verwerfung der lex positiva universalis unter die Regeln des honestum und des decorum in sein naturrechtliches System aufnimmt. Damit erhält das im weiten Sinne verstandene Naturrecht eine eigene Lehre von der Sittlichkeit, wie sie zuvor — noch bei Pufendorf zum Beispiel — nur aus der Verknüpfung, das heißt, aus der Übereinstimmung mit der Heiligen Schrift hergeleitet werden konnte[142].

Thomasius' Straftheorie und seine Lehre vom Ehestand zeigen also, wie sich mit der bewußten Trennung von delictum und peccatum die Positivierung des Strafrechts vollzieht. Es braucht jetzt keine über den

---

der Regeln des ehrlichen und anständigen folgender gestalt gehalten werden: Daß eine auf die gantze Lebens-Zeit gestifftete Ehe am geschicktesten sey, die Wollust im Zaum zu halten ..."

[139] Fundamenta, 3, II, 6.

[140] Vgl. vor allem Jus belli ac pacis, 2, V, 9.

[141] *Pufendorf,* Jus naturae, 6, I, 19.

[142] Vgl. oben S. 27, wo gezeigt ist, wie sich diese Verknüpfung sogar bei der Definition der Straftatbestände auswirkt.

Kreis des irdischen Lebens hinausreichende Rechtfertigung mehr und will allein jenem Frieden dienen, um dessentwillen alle Staaten hier auf der Erde gegründet worden sind. Eine besondere Rolle spielt dabei Thomasius' ursprüngliche Vorstellung von der lex positiva universalis, die das natürliche Recht um all das ergänzen soll, was sich als „vernünftige Wohlanständigkeit" nicht einfach aus der lex naturalis herleiten läßt. Hier ändert Thomasius seinen Standpunkt entscheidend, wenn er die lex positiva universalis schließlich aus seiner Darstellung des natürlichen Rechts ausklammert, aber zugleich den Inhalt dieses allgemeinen geoffenbarten göttlichen Gesetzes unter die Regeln des Ehrenhaften und des Anständigen aufnimmt. Trotz des anfänglichen Hineinreichens des allgemeinen göttlichen Gesetzes in die naturrechtliche Straftheorie ist auch schon in den Institutiones die Verletzung der leges divinae von der Verletzung des durch Menschen gesetzten Rechts deutlich unterschieden, aber in den Fundamenta werden jene Verstöße gegen das göttliche Gesetz zu bloßen Immoralitäten, die nur strafbar sind, wenn sie der Gesetzgeber unter Strafsanktion gestellt und damit in den Bereich des justum aufgenommen hat. Hier zeigt sich überhaupt, wie das ganze, im weiten Sinne verstandene natürliche Recht zur Richtschnur für den Gesetzgeber wird, das Zusammenleben der Bürger im Staat so zu ordnen, daß es den Grundsätzen einer vernünftigen und auch sittlichen Ordnung entspricht. Um dieses Zieles willen hat er Erlaubnis und Verbot auszusprechen; das heißt aber, daß der Gesetzgeber zum Beispiel die ganze Kasuistik des Eherechts, wie sie Thomasius in den Institutiones durch die lex positiva universalis und in den Fundamenta durch die vom Bereich des justum scharf geschiedenen Regeln des honestum und des decorum entwickelt, stets vor Augen haben muß, will er über das entscheiden, was nicht nur dem Gewissen des einzelnen überlassen bleiben, sondern mit dem Gewicht der staatlichen Autorität gesichert werden soll. Das lediglich Schändliche und Unmoralische wird strafbar, wenn es der Gesetzgeber in den Katalog seiner Gesetze aufnimmt.

Damit taucht hier in aller Deutlichkeit der Begriff der ‚Pönalisierung' auf. Thomasius selbst entwickelt ihn als eine grundsätzliche Frage bei der Abgrenzung des geschriebenen Rechts vom Gewohnheitsrecht, bei der Beschäftigung mit jenem Problem also, dem das nächste Kapitel der vorliegenden Untersuchung gewidmet ist.

3. Recht und Gewohnheitsrecht; die Pönalisierung schändlichen Verhaltens durch den Gesetzgeber

Mit dem Verhältnis zwischen Sitte, Gewohnheitsrecht und Brauch, mit der scharfen Abgrenzung zum geschriebenen Recht und mit der Herausarbeitung jener Eigentümlichkeiten, die für das Recht in seiner jeweiligen Erscheinungsform kennzeichnend sind, beschäftigt sich Thomasius um die Jahrhundertwende in besonders starkem Maße. Seine Überlegungen finden ihren Niederschlag in einer Reihe von Dissertationen, die ihre bedeutsame Stellung in Thomasius' Werk schon dadurch zeigen, daß Thomasius selbst, so verschiedentlich in den Observationes[143], vor allem aber in den Fundamenta gerade auf diese Dissertationen verweist[144]. Sie behandeln einen Themenkreis, der in den ersten Jahrzehnten der neugegründeten Universität Halle gleichsam in der Luft lag und auch in systematischen Darstellungen und bei Definitionen des Rechts schwerlich übersehen werden konnte[145]. Es ist die Zeit entschiedener Angriffe gegen das Römische Recht, die mit einer Rückbesinnung auf die deutsche Rechtsüberlieferung den Wunsch wecken mußte nach Klärung und wissenschaftlicher Durchdringung jenes Rechts, das aus Überlieferung und eingewurzelter Übung entsteht[146]. Wir stoßen hier auf eine Fülle von Einzelabhandlungen zu dieser Frage, und fast jede der zeitgenössischen Sammlungen Thomasischer Dissertationen enthält auch eine Anzahl fremder Arbeiten zu diesem Thema, die mit ihren gleichlautenden oder doch sehr ähnlichen Überschriften oftmals kaum voneinander zu unterscheiden sind[147].

Diese Auseinandersetzung mit dem Gewohnheitsrecht fällt aber auch in eine Zeit, in der die Kunst rechter Gesetzgebung zum Gegenstand eines immer breiteren Stromes juristischer Abhandlungen wird und dabei jene Elemente hervortreten läßt, die wir zuvor schon als Tendenzen zu einer Positivierung des Rechts erkannt haben[148]. Gerade im Strafrecht ist die Rolle des Gewohnheitsrechts für die ‚Gesetzlichkeit' des Strafverfahrens, vor allem aber für die Straftatbestände selbst und für die sonstigen Voraussetzungen der Strafbarkeit von erheblicher Bedeutung. Die mehr oder minder starke Beachtung des Gewohnheitsrechts ist ohne Rückwirkung auf die Freiheit des Richters dem geschriebenen Recht gegenüber nicht denkbar[149]. Hier sei nur an

[143] Observationes, 6, XXVII, 68.

[144] Fundamenta, 3, VII, 1 f.; es geschieht übrigens nicht sehr häufig, daß Thomasius auf Dissertationen Bezug nimmt.

[145] Vgl. zum Beispiel die ‚Oratio de corpore et anima jurisprudentiae verae' aus dem Jahre 1707, S. 88, aufgenommen in die Orationes academicae.

[146] *Battaglia* sieht hier schon Züge der historischen Rechtsschule vorweggenommen (Christiano Thomasio, S. 314 [S. 308 ff.]).

[147] Allein 28 Titel wie ‚De consuetudine' oder ähnlich lautend aus dem Zeitraum von 1700 bis 1750 enthält der Sammelband aus der Universitätsbibliothek in Bonn, der mir vorliegt; Signatur: Ia 126/II.

[148] Vgl. oben S. 32 ff. und S. 50 ff.

[149] Vgl. hierzu die schon mehrfach zitierte Arbeit Heglers über die Spruchpraxis der Juristenfakultäten im 17. und 18. Jahrhundert, und zur richterlichen Auslegung auch *Thomasius*, Orationes academicae, S. 89 ff.

die Carolina erinnert, in deren vorletztem Artikel „missbreuche und böse unvernünfftige gewonheyten, so an etlichen orten und enden gehalten werden", ausdrücklich verworfen sind und wo in Artikel 104 trotz der salvatorischen Klausel im Schlußsatz der Vorrede — die im übrigen deutlich zeigt, daß die Carolina kein neues Recht schaffen, sondern eine Sammlung von Regeln bieten wollte, die es dem Richter ermöglichen sollten, „dem gemeynen rechten, billicheyt und loblichen herbrachten gebreuchen gemess" zu urteilen —, wo trotz der salvatorischen Klausel die Verhängung peinlicher Strafen entgegen dem Wortlaut des kaiserlichen Gesetzes ausgeschlossen wird, während bei den „unbenannten" oder „nit gnugsam erklerten" Fällen die Richter Rat pflegen sollen, „wie inn solchen zufelligen oder unverstendlichen fellen, unsern Keyserlichen rechten, und diser unser ordnung am gemessigsten gehandelt unnd geurtheylt werden soll, und alssdann jre erkantnuss darnach thun . . ."[150].

Neben der berühmten Dissertation ‚De jure consuetudinis et observantiae' von 1699, die sechs Auflagen erlebt hat, soll die Streitschrift ‚De judicio seu censura morum' von 1702 näher untersucht werden[151]. Aus der Reihe der nicht von Thomasius stammenden Dissertationen zu diesem Themenkreis sei jene herausgesucht, die 1711, also zwölf Jahre nach der Dissertation ‚De jure consuetudinis et observantiae', unter der lapidaren Überschrift ‚De consuetudine' eine gleichsam knapp gefaßte Zusammenfassung der aufgeworfenen Fragen bietet[152].

In der Dissertation ‚De pseudo-privilegio pupilli'[153] beschäftigt Thomasius — freilich am Rande nur — die Frage, ob richterliche Observanz eine besondere Art des Rechts sei[154]. Die „confusa et incerta traditio apud doctores de consuetudine et observantia"[155] gibt Thomasius nun den Anlaß, sich mit der rechtlichen Relevanz von Gewohnheit (consuetudo) und Brauch (observantia, hier im Sinne

---

[150] Ich zitiere nach der von Zoepfl besorgten Ausgabe der Peinlichen Gerichtsordnung Karls V.; sie erscheint mir zuverlässiger als die Ausgabe Müllers und die von Gobler besorgte Ausgabe der Carolina aus dem Jahre 1551.

[151] Von der Dissertation ‚De jure consuetudinis et observantiae' liegt mir die 5. Auflage von 1731 vor und eine Ausgabe von 1774; vgl. zum Nachweis der Auflagen *Lieberwirth*, Thomasius, Nr. 136. Die Dissertation ‚De judicio seu censura morum' ist 1723 im Druck erschienen, vgl. *Lieberwirth*, Nr. 162.

[152] *Munniks*, De consuetudine. Vgl. zu dem ganzen Fragenkreis auch *Thomasius*, Observationes, 6, XXVII, 64 ff.

[153] Dissertatio de Pseudo-Privilegio pupilli conventi contraria actione Negotiorum gestorum ad I. 37. pr. D. de negot. gest., 1699.

[154] Ebenda, §§ 49 f.

[155] Dissertatio de jure consuetudinis et observantiae, § 2.

einer bestimmten, feststehenden Übung gemeint, wie die Definitionen noch im einzelnen zeigen werden) einmal ausführlicher zu beschäftigen[156]. Er geht davon aus, daß weitgehende Übereinstimmung nur darin bestehe, daß zwischen „consuetudo extrajudicialis" und „consuetudo judicialis" zu unterscheiden sei. In beiden Fällen handle es sich um Erscheinungsformen des ungeschriebenen Rechts (species juris non scripti), und beide hätten Gesetzeskraft (vim legis). Die Richter seien gehalten, sowohl nach consuetudines judiciales wie extrajudiciales Recht zu sprechen; daneben sei noch die „observantia judicialis" zu nennen, die eine besondere Art der Auslegung darstelle. So ergäben sich folgende Gesichtspunkte der herrschenden Lehre: 1. Die Spruchpraxis (observantia) des höchsten Gerichts binde die unteren Gerichte; 2. zur Begründung einer consuetudo sei zunächst ein „usus populi" erforderlich und außerdem Vernünftigkeit und über längere Zeit hin zu beobachtende Häufigkeit der einzelnen Akte[157]. Und 3. könnten alle consuetudines nur durch das stillschweigende Einverständnis dessen gelten, der die Macht habe im Staat[158].

Diese Auffassung sei nun freilich nicht unbestritten, und in den Einzelfragen habe praktisch jeder seine eigene Meinung[159]. Doch eine Fundamentalproposition werde bei den Gelehrten einmütig bejaht, und gerade sie ist es, die Thomasius vor allen Dingen in Zweifel zieht: Es ist jene Lehre, daß Gewohnheit und richterliche Observanz besondere Arten des Rechts seien[160]. „Wie soll denn", fragt Thomasius, „die Observanz, die doch so oft irrig ist, größere Wirksamkeit haben als irrige Auslegung? Wie soll es zugehen, daß dieser Irrtum Recht schafft, wie, daß eine Gewohnheit, die doch allein vom freien Willen derer abhängt, die sie üben, daß eine solche Gewohnheit die Freiheit der anderen im Volke und Gleichgestellter noch dazu aufheben kann und Gesetzeskraft hat?"[161]

Wenn man schon, so überlegt Thomasius weiter, Gewohnheit und Observanz als Arten des ungeschriebenen Rechts betrachte, so sei es doch verfehlt, ihre Eigenart ex jure scripto erklären zu wollen. Schließlich lasse sich über Gesetze am besten reden, wenn man Gesetze zur Erklärung heranziehe; dann müsse doch auch über Gewohnheiten am besten zu handeln sein, wenn man ebenfalls Gewohnheiten oder jenes Recht zu Rate ziehe, das nur in die Herzen geschrieben sei und

---

[156] Dissertatio de jure consuetudinis et observantiae, §§ 1 f.

[157] „... ad introducendam consuetudinem requiri usum populi, rationabilitatem, actuum frequentiam et diuturnitatem ..."

[158] § 3; hier liegt ein wesentlicher Unterschied zur Auffassung der historischen Rechtsschule.

[159] §§ 4 f.

[160] § 6.

[161] Ebenda.

mit uns geboren werde[162]. So sei es zunächst einmal wichtig, schon über die Terminologie Klarheit zu gewinnen. Die Bezeichnung „consuetudo“ und ebenso das Wort „observantia“ würden zwar in sehr verschiedenem Sinne gebraucht, für ihr Verständnis in seiner Arbeit solle aber bestimmt sein: „Consuetudo igitur et observantia, de qua nos sumus solliciti, sunt actiones plures uniformes hominum in una societate civili familia majore viventium, quatenus in illa societate vivunt“[163]. Außer Betracht bleibe jener ganze Bereich der Einzelfamilie, in welchem die bürgerlichen Gesetze keine Regelung träfen und wo der „paterfamilias“ wie ein König die Freiheit behalten habe, „mores suos pro lubitu mutandi et secundum eos etiam attemperandi mores reliquae familiae“[164]. Und nicht ohne Grund nennt Thomasius auch die societas civilis im deutlichen Unterschied zur societas naturalis[165].

In den Gemeinschaften unterhalb der staatlichen Ebene (collegia), in denen keiner die Herrschaft über die anderen habe, könne in allen Angelegenheiten, die vom Naturrecht unbestimmt gelassen seien, nur aus vertraglicher Vereinbarung eine Verpflichtung entstehen[166]. Dabei dürfte es von Nutzen sein, in jeder Gemeinschaft zwei verschiedene Arten von Verträgen gut zu unterscheiden: den einen, durch den die Gemeinschaft begründet werde, von allen anderen, die erst später zwischen den einzelnen „Kollegen“ abgeschlossen würden. Der Gründungsvertrag erfordere die Zustimmung aller Betroffenen und könne nicht gegen den Willen einer Minderheit wirksam werden. Sei aber die Gemeinschaft einmal begründet, dann liege es in ihrer Natur, daß der Wille der Mehrheit die Minderheit binde[167]. Der umgekehrte Fall, daß nämlich die Mehrheit durch die Stimmen der Minderheit gebunden werden könnte — der Minderheit also zumindest ein ‚Vetorecht‘ zukommt —, widerspricht in Thomasius’ Augen so aller Vernunft, daß ihm nur das Prinzip des Mehrheitsbeschlusses sinnvoll erscheint[168]. Dieses Prinzip ist selbstverständlich mit der Drohung verknüpft, daß der ungehorsame Gesellschafter ausgeschlossen wird[169]. Das bedeutet

[162] Dissertatio de jure consuetudinis et observantiae, § 9.
[163] § 16.
[164] § 21.
[165] § 22.
[166] § 29.
[167] § 30; auffallend ist, wie systematisch hier Fragen des Gemeinschaftsrechts behandelt werden.
[168] § 30.
[169] Der Austritt (recessus) aus der Gesellschaft ist, sofern nichts Abweichendes vereinbart worden ist, dem einzelnen genauso freigestellt wie der Eintritt in die Gesellschaft; schließlich kann die Mehrheit ja ohne weiteres etwas beschließen, was ganz offensichtlich der Minderheit zum Schaden gereicht,

für das Gewohnheitsrecht in solchen Gemeinschaften: Wenn ein jus consuetudinis aus stillschweigender Übereinkunft entstehen könne und stillschweigend geschlossene Verträge den expressis verbis geschlossenen im übrigen gleichgestellt sein sollten, so folge daraus, daß in jeder beliebigen Gemeinschaft, die Recht hervorbringen könne, auch ein jus consuetudinis aus übereinstimmenden Akten nicht einiger weniger, aber entweder aller oder doch zumindest der Mehrheit entstehe[170].

Was nun die Handlungen der einzelnen Genossen betreffe und das Recht, das daraus entstehe, so ergebe sich in Hinblick auf die Unterscheidung zwischen jus efficaciae, jus licentiae und jus obligationis folgendes: Allem, was in der Gesellschaft nicht „contra rationem vel pactum" verstoße, komme das jus efficaciae zu; hier sei es dem einzelnen freigestellt, so zu handeln, und zwar ohne Rücksicht auf etwa bestehende consuetudines. Die zweite Regel sei die notwendige Ergänzung zur ersten: Alles, was „consuetudini communi aut majoris partis" entspreche, könne für sich das jus licentiae vel impunitatis in Anspruch nehmen, so wie eben das, was in einer Gemeinschaft Gleichrangiger dem einen erlaubt sei, auch den anderen gestattet sein müsse[171]. Freilich könne es sein, daß solche Handlungen „rationi aut moribus communibus aliorum collegiorum" widersprächen, also die in anderen Gemeinschaften geübte Praxis verletzten. Verdienten sich so die Gesellschafter bei Außenstehenden kein Lob — wenn sie zum Beispiel unziemliche Handlungen unter ihresgleichen frei begehen dürften —, ja könnten sie sogar deswegen außerhalb ihrer Gemeinschaft bestraft werden, so ändere das nichts an dem Satz: Was sich in einer Gesellschaft die Mehrheit erlaubt, darf dort auch die Minderheit tun[172]. Daraus ergebe sich, daß die „Vernunftgemäßheit" (rationabilitas) des Gewohnheitsrechts stets relativ, also auf die Gemeinschaft bezogen, in der es gelte, zu verstehen sei: „Et inde accurate loquendo omnes mores communes (abstrahendo a lege divina et jure humano

---

ebenda, § 31. Wir finden hier Gesichtspunkte, die heute noch im Vereins- und Gesellschaftsrecht eine Rolle spielen. — Der von Thomasius hier eingeführte Begriff „collegium" ist übrigens kaum exakt zu übersetzen; deshalb können oben im Text die Bezeichnungen „Gesellschaft" und „Gemeinschaft" jeweils nur untechnisch gemeint sein. Thomasius versteht jedenfalls unter „collegium" eine solche Gemeinschaft, in der sich consuetudines entwickeln können, vgl. Dissertatio de jure consuetudinis et observantiae, § 26 und § 32.

170 Dissertatio de jure consuetudinis et observantiae, § 32.

171 § 34.

172 § 35. Mit Recht sieht hier Thomasius die Relativität jeder consuetudo. Sie bleibt auf den Kreis „ihres Kollegiums" beschränkt wie eine Regel, die nur bei den „Mitspielern" gilt. Allerdings hätte sich hier das eigentliche Problem schärfer herausarbeiten lassen, wenn Thomasius anstelle der „actus alias indecoros" ausgesprochen kriminelle Handlungen ausgewählt hätte.

scripto) illorum intuitu, qui iis utuntur, pro rationabilis sunt habendi. Nam inter pares judicium etiam de justo et injusto debet esse penes partem majorem"[173]. Aus der Umkehrung der ersten Regel aber folge die dritte: „Non oritur ex consuetudine jus obligationis vel legale"[174]. Denn für gewöhnlich werde das Gewohnheitsrecht aus stillschweigender Übereinkunft hergeleitet; wann aber ließen sich schon auf stillschweigende Übereinkunft Verpflichtungen gründen? („... qui tacet non consentire videtur, nisi ex aliis circumstantiis appareat, quod consentire videatur")[175]. Und weil Gewohnheiten so allmählich und unsichtbar entstünden „wie eine Anschwemmung" (uti alluvio), so erscheine es ungereimt, anzunehmen, daß der erste, auf den sich diese Gewohnheit zurückführen lasse, die anderen habe verpflichten wollen; und ob nun die anderen diesen ersten nachgeahmt haben oder nicht, sie hätten jedenfalls nicht auf Grund einer Verpflichtung gehandelt[176].

Zu beachten bleibe freilich, daß nur die Gewohnheit als solche keine erzwingbare Verpflichtung begründen könne — und allein als erzwingbare Verpflichtung ist hier der von Thomasius gebrauchte Begriff „obligatio" zu verstehen, wie insbesondere das Ende von § 45 zeigt —; doch eine Gewohnheit, die von der Mehrheit geübt werde, könne leicht durch einen Vertrag bekräftigt werden. Wenn das aber geschehe, so sei jeder, den es betreffe, sofern er nicht die Gesellschaft verlassen wolle, tatsächlich wirksam verpflichtet, nicht durch die Gewohnheit allerdings, sondern aus dem Vertrag. Das lasse sich noch damit verdeutlichen, daß nun nicht mehr wirksam und straflos vorgenommen werden könne, was unter das vertragliche non licet falle, während jener Akt, der den Anlaß gegeben habe zu dieser vertraglichen Festlegung, wirksam bleibe und straflos, sofern nicht auch die zurückliegenden Akte vom Vertrag erfaßt seien, freilich ohne deswegen auch noch strafbar zu werden[177].

Bemerkenswert ist es in diesem Zusammenhang, daß Thomasius auch die Möglichkeit eines durch Präjudizien geschaffenen Gewohnheitsrechts verneint. Bei Abstimmungen unter mehreren Richtern sei es nämlich so wie bei den Verträgen in den Gesellschaften: Es setze sich immer die Mehrheit durch. Wenn also oftmals in ähnlichen Fällen

---

[173] Dissertatio de jure consuetudinis et observantiae, § 36.

[174] § 37.

[175] § 41.

[176] § 39. Der Fehler dieser Überlegung liegt auf der Hand: Die Nachahmung kann zur erzwingbaren Verpflichtung werden. Erstaunlich ist aber doch, wie folgerichtig hier die Entstehung eines Gewohnheitsrechts bis zur Wurzel zurückverfolgt wird. Auch sind hier schon offensichtlich Methoden der Begriffsjurisprudenz vorweggenommen; vgl. dazu auch §§ 45 f.

[177] § 47.

auch ähnlich entschieden werde, so geschehe das nicht in der Absicht, sich einem Präjudiz anzuschließen oder sich nach einem Gewohnheitsrecht zu richten, sondern allein auf Grund der jeweiligen Mehrheitsverhältnisse bei der Abstimmung. Nun ist es offensichtlich, daß mit diesen Überlegungen weder gegen die Verbindlichkeit früherer Entscheidungen noch gegen die Kraft eines Gewohnheitsrechtes etwas bewiesen ist, solange nicht die Möglichkeit abweichender Abstimmungen einkalkuliert wird. Denn daß ähnlich gelagerte Fälle auch ähnlich entschieden werden, ist zwar gewiß auf das Abstimmungsergebnis zurückzuführen, aber das Abstimmungsergebnis selbst kann auf jener Bindung beruhen, die — abgesehen vom Gedanken der Gerechtigkeit — durch Präjudizien oder Gewohnheitsrecht erzeugt wird. Von seinem Standpunkt aus folgerichtig fährt Thomasius jedoch fort: Erst wenn sich mit dem Wechsel im Richterkollegium auch die Mehrheitsverhältnisse änderten, erst dann werde offenbar, daß es ein „jus observantiae judicialis“ nicht gebe, auf das diejenigen pochen könnten, die sich auf einmal in die Minderheit gedrängt sähen und nun überstimmt zu werden drohten[178].

Alle diese Gedanken zum Gewohnheitsrecht lassen sich mühelos von der Ebene der „Kollegien“ auf die Ebene des Staates in seinen verschiedenen Erscheinungsformen übertragen. Denn im demokratischen Staat zum Beispiel würden die Gesetze „per modum pactorum“ eingeführt, und nach Art aller Gesellschaften verpflichtete die Mehrheit die Minderheit; und regelmäßig habe in der Demokratie jeder die Freiheit, den Staat zu verlassen, wenn er sich dem Mehrheitsbeschluß nicht fügen wolle. So folge aus dieser starken Ähnlichkeit mit den Gesellschaften auch, daß in einem solchen Staate Handlungen, die dem Gewohnheitsrecht entsprächen, das jus facultatis et impunitatis gewährten, und Handlungen die das Gewohnheitsrecht verletzten, licitae et impunes seien, es sei denn, daß sich aus einer langdauernden Übung des Volkes ergäbe, daß diese consuetudines zu den Gesetzen gezählt würden, ja eigentlich echte alte Gesetze seien[179].

Das Problem des Widerspruchs zwischen consuetudo und lex wird von Thomasius auf recht akademische Art gelöst[180]; aber es ist doch

---

[178] Dissertatio de jure consuetudinis et observantiae, §§ 59 f.

[179] §§ 61 f.

[180] Battaglia ist hier bei der Darstellung des Verhältnisses von lex und consuetudo nicht genau; sein Versuch nämlich, Thomasius von der historischen Schule abzugrenzen, führt ihn gelegentlich zu Fehlurteilen wie diesem: „La consuetudine, dunque, non è irriflessa manifestazione d'una vaga anima popolare come nella concezione romantica della Scuola storica, ma volontà che pone una norma, non scritta, ma sempre obligante e coativa“, *Battaglia*, Christiano Thomasio, S. 315 f. Das läßt sich, wie der Text oben zeigt, bei genauer Auswertung der Dissertation in dieser allgemeinen Form jedenfalls nicht halten.

erstaunlich, mit welcher Sicherheit er hier die schon von Pufendorf entwickelte Methode anwendet, die Geschichte durch mehr oder weniger deutlich genannte Beispiele als Demonstrationsgrundlage zu benützen. Der theoretische Ausgangspunkt ist klar: Entweder entwickelt sich eine bestimmte Gewohnheit im Volke, die geltenden Gesetzen widerspricht, oder neue Gesetze versuchen, alte Gewohnheiten außer Übung zu bringen. Thomasius bereichert nun diesen ganz abstrakten Gedanken durch den Hinweis auf die geschichtliche Erfahrung, die ihm zugrunde liege: Daß Gesetze bestimmten consuetudines widersprächen, werde gewöhnlich in der Frühzeit eines Staates zu beobachten sein. Der umgekehrte Fall dagegen sei auf dieser Entwicklungsstufe eines Volkes kaum denkbar, dazu sei schon die Angst vor Strafe zu groß. Das ändere sich aber, wenn sich der Einfluß eines Nachbarvolkes über die Grenze hinweg bemerkbar mache; vor allem bei kriegerischen Auseinandersetzungen würden oft fremde Sitten und Gewohnheiten in das Volk des Siegers verpflanzt: „In der Geschichte sind die Beispiele nicht selten, daß völlig andere Sitten in einem Staat durch Sklaven eingeführt worden sind.“[181] Schließlich könne es auch sein, daß sich eine Gewohnheit dem Gesetz gegenüber als außerordentlich lebenskräftig erweise; das sei der Fall, wenn es niemand wagen könne, diejenigen zu bestrafen, die trotz des gesetzlichen Verbots an der Gewohnheit festhielten[182].

Die Aufgabe des Richters in derartigen Konfliktsfällen zwischen lex und consuetudo erscheint recht einfach: Grundsätzlich hat er nach der lex und gegen die consuetudo zu entscheiden, wenn durch dieses Gesetz die consuetudo aufgehoben werden soll. Denn, so führt Thomasius zur Begründung aus, dann drücke sich in diesem Gesetz der ernsthafte Wille des ganzen Volkes aus. Sei aber bekannt, daß dieses Gesetz bisher unbeachtet blieb und man sich weiter in aller Öffentlichkeit nach der alten Gewohnheit richte und daß auch keiner dafür bestraft worden sei, so dürfte wohl der Richter sein Amt richtig versehen, der nach der Gewohnheit richte und nicht nach dem Gesetz, da auch hier der Wille des ganzen Volkes deutlich genug zum Ausdruck komme. „Uti enim consuetudo per legem abrogari potest, ita et lex per contrariam consuetudinem“[183]. Das gelte aber selbstverständlich nur, wenn die weitere Beachtung der Gewohnheit contra legem ganz offenkundig sei; bestehe auch nur ein Zweifel, so habe der Richter immer nach dem Gesetz zu entscheiden[184]. Dabei spiele freilich die eigene Überzeugung des Richters eine ganz erhebliche Rolle; glaube er nämlich, daß irgendein Gesetz oder ein Gewohnheitsrecht

---

[181] Dissertatio de jure consuetudinis et observantiae, § 64.
[182] § 65.
[183] § 67.
[184] § 68.

— sei es nun verboten oder erlaubt — unvernünftig sei und er unrecht tun müsse, wollte er es durch seine Entscheidung bekräftigen, so habe er von einem Urteil ganz abzusehen[185]. Er könne nicht die innere Überzeugung zur Richtschnur seines Handelns machen, ohne gegen sein Amt zu verstoßen, das ihn an Gesetz und Gewohnheit (lex et consuetudo) binde, nicht aber an die Grundsätze der in seiner Vorstellung existierenden aequitas. Das faßt Thomasius am Ende von § 69 der Dissertation noch einmal in die Worte zusammen: „Nam officium ejus adstrictum est ad leges et mores, non ipsius arbitrio relictum . . ."

In der Monarchie hingegen, der sich Thomasius zuletzt zuwendet[186], hängen die Gesetze allein vom Willen des Herrschers ab. Er setzt sie in Kraft, nicht irgendein Vertrag, den die Bürger miteinander abschließen. Allein das sei wohl dem einzelnen zugestanden, daß er den Staat verlassen könne, wenn er sich nicht nach den Gesetzen richten mag[187]. Und während in einer Demokratie die consuetudines populi ihrer Natur nach Gesetzeskraft haben könnten — dann nämlich, wenn sie lange genug geübt worden seien[188] —, könne das in einer Monarchie nicht der Fall sein. Denn die potestas legislatoria principis werde es nicht zulassen, daß sich die Bürger ohne Zustimmung ihres Fürsten in einer Weise verpflichteten, wie es sonst nur auf Grund der Gesetze geschehe. Andrerseits beruhten Freiheit und Straflosigkeit der Untertanen in einer Monarchie nicht etwa auf dem stillschweigenden Konsens des Fürsten; denn so viel von ihren Rechten hätten die Freien nicht aufgegeben, als sie einen Herrscher gewählt und vom status libertatis in den status subditorum getreten seien[189]. Daraus folge nun, daß die Bürger in einem monarchisch regierten Staat ihre Freiheit bewahrt haben bei allen Handlungen, die durch kein Gesetz des Herrschers festgelegt seien, und daß sie alles straflos tun dürften, was der Fürst nicht durch Strafgesetze verbiete („. . . omnia impune faciant, quae Princeps legibus poenalibus non prohibuit")[190]. Daß bestimmte Gewohnheiten in der Monarchie schließlich doch Gesetzeskraft hätten, beruhe auf denselben Gründen, wie sie schon bei den Gesellschaften und für die Demokratie genannt worden seien: Bei

---

185 Vgl. hierzu § 66: „De irrationabilitate consuetudinis aliter docens judicat, aliter judex".

186 §§ 71 ff.

187 § 71.

188 Vgl. oben S. 75 f.

189 § 73.

190 „Sequitur ex dictis, quod in Republica Monarchica subditi in omnibus actionibus libertatem retineant, quas lex Principis non determinavit, et omnia impune faciant, quae Princeps legibus poenalibus non prohibuit", Dissertatio de jure consuetudinis et observantiae, § 75.

jeder lange Zeit hindurch beobachteten Übung werde man nämlich unterstellen müssen, daß sie in einem Gesetz ihren Ursprung habe[191]. De consuetudinibus contra legem lasse sich im wesentlichen auf das verweisen, was zu dieser Frage beim demokratischen Staat gesagt worden sei[192]. Nur betont Thomasius jetzt, daß es in einer Monarchie noch erheblich gefahrvoller für den einzelnen sei, neue Sitten einzuführen und damit gegen bestehende Gesetze zu verstoßen. Auf der anderen Seite sei es sicher ein Zeichen für fehlende gesetzgeberische Klugheit, wenn es dem Fürsten nicht einmal gelinge, seinen Gesetzen allgemeine Anerkennung zu verschaffen, oder wenn die Gesetze bald nach ihrem Inkrafttreten durch allgemeine Nichtbeachtung faktisch wieder außer Kraft gesetzt würden[193].

Wesentliche Bedeutung kommt der potestas legislatoria des Herrschers zu, wenn über die rationabilitas eines Gewohnheitsrechtes zu entscheiden ist. Denn wenn auch, wie Thomasius betont, eine bestimmte Gewohnheit dem Urteil des Philosophen als vernunftswidrig erscheine und wenn es auch erlaubt sei, darauf hinzuweisen, so habe sie der Richter doch so lange anzuwenden, wie sie nicht durch eine lex expressa des Landesherrn verboten werde[194]. Sonst gelte aber bei einem Widerspruch zwischen consuetudo und lex für den Richter in der Monarchie dasselbe wie in einem demokratischen Staat[195]: Werde der Richter in einen Gewissenskonflikt gestürzt, so habe er sich im Zweifel einer Entscheidung zu enthalten; im übrigen sei er an die observantia judicialis des obersten Gerichts nur dann gebunden, wenn das durch Gesetz so geregelt sei. Dann beruhe die Gesetzeskraft der höchstrichterlichen Rechtsprechung auf einer lex scripta, nicht aber auf Gewohnheitsrecht[196].

Die Bedeutung der Sitten und die Notwendigkeit ihrer Überwachung im Staate ist Gegenstand der Dissertation ‚De judicio seu censura morum'. Anders als in der zuvor erörterten Dissertation geht es jetzt nicht um den Wert von Gewohnheitsrecht, Sitte und Brauch für das Staatswohl, sondern um die grundsätzliche Frage, ob es überhaupt möglich sei, jene „mores" im Gesetz zu fixieren oder zumindest durch öffentliche Aufsicht zu überwachen, deren Nutzen für die staatliche Gemeinschaft zwar von vornherein feststehe, zu deren Wesen es aber gehöre, daß sie freiwillig beachtet würden.

Breiten Raum nimmt im ersten Kapitel der Dissertation unter der Überschrift „status controversiae" die Auseinandersetzung mit der

---

191 § 76; vgl. oben S. 76.
192 Vgl. oben S. 76 f.
193 Dissertatio de jure consuetudinis et observantiae, § 78.
194 Vgl. dazu § 66 für die Demokratie.
195 Vgl. §§ 67—69.
196 § 79.

Literatur ein. Das Ergebnis ist eine Fülle von Definitionen, die mit erstaunlicher Klarheit crimen, delictum, vitium, flagitium, scelus und facinus voneinander abgrenzen[197] und dabei, weit über Pufendorf hinausgehend, die Verletzung des staatlichen Gesetzes als Unterscheidungsmerkmal in den Vordergrund schieben: „Judicium criminale leges praesupponit, quia crimina coercet, et delicta, delictum autem omne est, quod contra legem fit. Judicium civile examinat ea, de quibus leges actiones concesserunt in Republica. At judicia morum animadvertunt ac notant ea, quae legibus definiri nequeunt, ea, de quibus actio non datur, quae probari sufficienter non possunt, hoc est non crimina quidem, sed vitia tamen, scelera et flagitia, etiamsi non sint publica, sed clandestina, cujuscunque scilicet mores domesticos"[198]. Nun müsse man hier freilich beachten, daß es sich beim judicium morum nur um ein „judicium improprie dictum" handele, und es sei lediglich eine Konzession an diejenigen, die in Hinblick auf die Verderbtheit der Sitten ein solches judicium morum als echtes „judicium" forderten, daß er, Thomasius, den Titel gewählt habe, den die Dissertation trage: „et judicium et Censura morum"[199]. Im übrigen stehe fest, daß Gegenstand der Schrift nur ein „judicium morum publicam utilitatem spectans" sein solle[200].

Damit ist die Abgrenzung gefunden zum privaten Bereich; am Charakter derjenigen Handlungen, die es hier zu betrachten gelte, ändere sich dabei freilich nichts. Sie würden vor allem nicht zu „öffentlichen Verbrechen" (delicta et crimina publica vel etiam extraordinaria), auch wenn man sie unter diesem Blickwinkel des öffentlichen Nutzens vor Augen habe[201]. Naturgemäß muß der Begriff des „crimen extraordinarium" Thomasius hier einige Schwierigkeiten bereiten; denn will man das judicium morum schlechthin auf alle Handlungen beziehen, die durch Gesetz nicht geregelt sind, so wäre schließlich das Amt des Zensors von der richterlichen Untersuchung in bezug auf crimina extraordinaria nicht recht zu unterscheiden[202]. Deshalb muß bei der Definition des zensorischen Amtes — das Thomasius hier wie überhaupt in der ganzen Dissertation synonym für „judicum morum" verwendet — der Ton auf jene Handlungen gelegt werden, die durch Gesetz gar nicht geregelt werden können[203].

---

[197] Vgl. Dissertatio de judicio seu censura morum, I, 13.

[198] I, 8.

[199] I, 3.

[200] Vgl. dazu im einzelnen die Ablehnung der lex Mosaica als Diskussionsgrundlage in § 1 und des Justinianischen Eherechts in § 2 des 1. Kapitels der Dissertation.

[201] Vgl. I, 4, 9 und 13.

[202] I, 9.

[203] Ebenda.

Mit Nachdruck betont darum Thomasius, daß der Zensor in der Stille wirke, im Einzelfall, und er nur allmählich Erfolge verzeichnen könne, während das Gesetz seine Wirkung überall und in einem Augenblick entfalte[204]. Deshalb sei auch sehr wohl darauf zu achten, daß nicht etwa die Gesetze, die sich mit einer Korrektur der Sitten befaßten, dem Amt des Zensors zugerechnet würden[205]. „So wird es der Leser auch nicht erwarten, daß wir uns mit der Frage beschäftigen, ob sich verdorbene Sitten durch Gesetze bessern lassen; denn das hat mit unserer Untersuchung hier nichts zu tun, sondern verdient einen besonderen Diskurs ‚De officio Magistratus Politici circa tollenda scandala' ... Aber in gewisser Weise berührt diese Frage unsere Abhandlung doch. Wie wir an entsprechender Stelle noch zeigen wollen, läßt sich nämlich das Amt des Zensors mit der Vernunft und dem Nutzen des Staates nicht ohne weiteres in Einklang bringen, und zwar einfach deshalb nicht, weil der Zensor nicht verhindern kann, was sich auch durch Gesetze nicht regeln läßt. Dann kann es aber schon gar nicht Aufgabe des Gesetzgebers sein, Laster durch Gesetz zu verbieten (legibus proprie dictis scilicet et poenalibus). Wir wissen aus der Heiligen Schrift — und auch die Vernunft sagt es uns —, daß es viele menschliche Handlungen gibt, die schändlich sind und bei denen doch selbst ein frommer Fürst gehalten ist, sie nicht unter Strafe zu stellen; das heißt, er hat sie zwar nicht zu erlauben oder gar zu billigen, aber er soll sie doch tolerieren"[206]. Freilich solle damit nicht alles in Bausch und Bogen verdammt sein, was auf diesem Gebiet tatsächlich einmal durch Gesetze erfaßt werde; denn die völlige Mißachtung aller Tugend könne schließlich auch zum Schaden werden für den ganzen Staat, und dann sei es eben doch eine Frage der prudentia legislatoria, ob man diesen Zustand nicht beenden und fortan durch Gesetz regulieren wolle, was bisher — zum Nachteil für alle — freigelassen war. Man denke etwa an Meineid, Blasphemie, Hurerei, Verschwendungssucht, Müßiggang und anderes mehr[207]. Aber

---

[204] „Si ad judicium morum pertinent actiones, non solum, quae lege notatae non sunt ..., sed et, quae lege notari non possunt ... Censores debere emendare mores sigillatim aut paullatim, quod ad leges plane non quadrat, quae effectum suum in universum et uno tempore ... exercere debent", Dissertatio de judicio seu censura morum, I, 9.

[205] Ebenda.

[206] I, 10.

[207] Aufschlußreich ist, daß hier neben Blasphemie und Hurerei auch der Meineid zu jenen Handlungen gerechnet wird, die im Grunde der zensorischen Aufsicht unterliegen und nicht der staatlichen Strafgewalt. Auch zeigt diese Auswahl andrerseits, bei welchen ‚Lastern' für Thomasius eine Störung der staatlichen Ordnung denkbar erscheint. Vgl. hierzu auch die Behandlung des Meineids in den Institutiones (2, IX) und in den Fundamenta (ebenfalls 2, IX).

das solle die Klugheit des Herrschers entscheiden und nicht irgendeine fromme Intention. „Wenn nun tatsächlich solche Gesetze erlassen und auch schon Beamte oder Richter (etiam peculiares judices) ernannt sind, die den Vollzug dieser Gesetze zu überwachen haben, so mag man freilich in Hinblick auf den Ursprung ihres Amtes von einem ‚judicium de moribus' sprechen; wir tun das aber nicht, denn jene Unsitten sind ante legem bloß lasterhaft (vitiosi), post legem nehmen sie aber auch den Charakter von Verbrechen an (criminum naturam sortiuntur). Und deshalb ist auch jenes ‚judicium de moribus' in Wahrheit ein ‚judicium criminale, saltem extraordinarium'"[208].

In § 14 endlich kommt Thomasius nach den rein negativen Bestimmungen des judicium morum zu einer positiven Einordnung. Sie ergibt sich aus der Unterscheidung zwischen justum, honestum und decorum: „Coercere igitur debent judicia morum ea, quae legibus quidem licent, adeoque non injusta sunt, sed quae tamen non sunt honesta. Non enim omne, quod licet, honestum est. Igitur cum leges de justitia soleant disponere de iis negotiis, quae pacem externam turbant, ut nemo laedatur et suum cuique tribuatur, multa autem praeterea sint, quae ad vitae honestatem pertineat, quae etiam citra turbationem pacis publicae violari poterit, de his dispicere pertinebit ad judicium morum et officium censurae"[209]. „Probemus autem primo, quod actiones non injustae sed indecorae censurae morum subjiciantur"[210]. Hier wird also schließlich folgerichtig die nota Censoria auf die Sphäre außerhalb des justum verwiesen. Erst der Übergang von der Zone der bloßen Zensur in den Bereich der staatlichen Zwangsgewalt verleiht der unehrenhaften und schändlichen Handlung den Charakter kriminellen Unrechts, so daß man hier mit vollem Recht schon von einer ‚Pönalisierung' sprechen kann.

Damit zeigt sich also, auf welchem Wege Thomasius bis zum Begriff der Pönalisierung vordringt und wie sich in seiner Darstellung des Gewohnheitsrechts und bei der Frage nach der Notwendigkeit und Brauchbarkeit des zensorischen Amtes die Abgrenzung des Schändlichen und bloß Lasterhaften vom verbrecherischen Handeln vollzieht. Es liegt darin schon eine deutliche Vorstellung davon, daß die Strafbarkeit eines bestimmten Verhaltens wesensmäßig etwas anderes ist als die Mißbilligung tugendloser Haltung. Und während nun die lex scripta zur Richtschnur des äußeren Verhaltens wird, umschreibt sie

---

[208] Dissertatio de judicio seu censura morum, I, 11. In der Überschrift zu dieser Stelle ist das zweite „non" zu streichen; anders läßt sich mit dem ganz eindeutigen Text keine Übereinstimmung herstellen.

[209] I, 14.

[210] I, 18.

jenes Mindestmaß an Wohlverhalten, das der Staat notfalls auch mit Gewalt zu erwirken bereit ist[211].

4. Ergebnis

Alle Elemente, die eingangs als Kennzeichen für eine ‚Vertatbestandlichung' des Strafrechts bezeichnet wurden[212], sind bei Thomasius anzutreffen und erlauben es, seine Stellung im Rahmen des hier zu untersuchenden Entwicklungsvorganges recht eindeutig zu bestimmen. Die Straftheorie selbst ist dabei noch das am wenigsten ‚moderne' Element, ganz im Gegensatz zu Thomasius' kämpferischen Auseinandersetzungen um Folter, Hexenwahn und Ketzerverfolgung. Die Theorie vom psychologischen Zwang mit ihren Rückwirkungen auf die Bestimmtheit der Strafgesetze kann sich jedenfalls nur in erheblich geringerem Umfang auf Thomasius berufen als etwa auf Pufendorf, der mit sehr viel mehr Nachdruck den Vorgang der Willensbildung in der Brust des potentiellen Täters zur Grundlage seiner Straftheorie macht. Dagegen kann aber bei Thomasius die endgültige Trennung von Sünde und Verbrechen als vollzogen gelten, und zwar mit allen Auswirkungen schon, die einer durchaus modernen Auffassung vom Strafrecht entsprechen, das heißt, es wird der Begriff der bloßen Immoralität sichtbar, die für den Gesetzgeber grundsätzlich irrelevant ist. Aber Thomasius läßt ihm die Entscheidungsmacht darüber, was als kriminelles Unrecht angesehen und zum Wohle des Staates in den

---

[211] Die 1711 unter Munniks' Präsidium verteidigte Streitschrift ‚De consuetudine' erscheint wie eine knappe Zusammenfassung jener Gedanken, die in den hier untersuchten Thomasius-Dissertationen eine zum Teil sehr ausführliche Darstellung gefunden haben. Insofern ist diese letzte Dissertation von erheblich geringerer Bedeutung, aber gerade weil sie gleichsam schlagworthaft die schon bekannten Fragen aneinanderreiht — also sich im Grunde auf bloße Wiederholung und Zusammenfassung beschränkt —, zeigt sie, was man in jenen Jahren als ungefähr gesicherte Meinung zum Gewohnheitsrecht betrachten kann und wie sich Thomasius von diesem Hintergrund abhebt. Zunächst erweist sich eine gewisse methodische Einheitlichkeit bei der Behandlung solcher Themen; eine Auseinandersetzung mit historischen Entwicklungsvorgängen erscheint hierbei unentbehrlich. Eindeutig herrschend ist die Vorstellung, daß das nichtgeschriebene Recht die Frühzeit des Menschengeschlechts begleite und daß jedes nichtgeschriebene Recht schlechthin als consuetudo zu bezeichnen sei; insoweit wird das Vordringen des geschriebenen Rechts als notwendiger und unaufhaltsamer Entwicklungsvorgang betrachtet. Entscheidend ist, daß gegenüber der differenzierteren Auffassung des Thomasius dem Gewohnheitsrecht schlechthin die Wirkung des geschriebenen Rechts zuerkannt wird (Thesis VI). Zu den offenbar unbestrittenen Grundvoraussetzungen eines jeden Gewohnheitsrechts vgl. im einzelnen Thesis I.

[212] Vgl. oben S. 6 f.

Katalog der Straftaten aufgenommen und der Strafsanktion unterworfen werden soll.

Damit erweisen sich Thomasius' Schriften als wesentlicher Schritt auf dem Wege zur Positivierung des Strafrechts im 18. Jahrhundert. Thomasius hat so dem aufgeklärten Absolutismus die theoretische Grundlage geliefert für die ungeheure Aufgabe, umfassende Kodifikationen zu schaffen. Christian Wolff schließlich hat jene Männer erzogen, die als Schöpfer der großen Gesetzgebungswerke in Preußen und in Österreich gewirkt haben.

III. CHRISTIAN WOLFF

1. „Vom Geist der Gesetze"

Die zum Schlagwort gewordene Überschrift des Montesquieu'schen Hauptwerks hat wie kaum eine andere Fragestellung sonst die zweite Hälfte des 18. Jahrhunderts beherrscht; sie ist aus Beccarias berühmtem Traktat ebensowenig wegzudenken wie aus den Programmen der Berner Preisfragen und den Flugblättern Voltaires. Aber es kennzeichnet die Situation in diesem Jahrhundert der großen Kodifikationen, daß die Frage nach dem Wesen des Gesetzes nicht nur im revolutionären Appell an den Gesetzgeber seinen Niederschlag findet, sondern den aufgeklärten Herrscher selbst beschäftigt. Fast gleichzeitig mit Montesquieus Werk erscheint Friedrichs des Großen Akademieabhandlung ‚Dissertation sur les raisons d'etablir ou d'abroger les lois' (1749) und bestätigt die Doppelgleisigkeit, mit welcher sich die Reform der Gesetzgebung vollzog. Thieme weist richtig darauf hin, daß es sich in Deutschland gerade nicht um eine Revolution handelt, sondern „viel eher um eine Evolution unter Beistimmung und Mitwirkung der Staatsgewalt"[1]. Die Kunst rechter Gesetzgebung war schon ein Hauptanliegen Pufendorfs, und Thomasius hatte den Auftrag, die gesetzgeberischen Reformversuche des ersten preußischen Königs durch Vorschläge und Kritik zu unterstützen[2]. Aber erst durch Christian Wolff wird die alte Pufendorfsche Vorstellung von der Lückenlosigkeit und Widerspruchsfreiheit des natürlichen Rechts zu einer wirklich detaillierten Anweisung an den Gesetzgeber und damit zur Grundlage umfassender Kodifikationen. „Wir reden hier nicht von dem, was geschiehet, sondern vielmehr davon, was geschehen soll", sagt Wolff aus Anlaß der Kritik „ungerechter Gesetze"[3]. Die so oft bemängelte Weitschweifigkeit und Umständlichkeit der Wolffschen Deduktionen bietet gerade jene Vollständigkeit und auf den Einzelfall zugeschnittene Anwendbarkeit des naturrechtlichen Systems, „welche die Zeit begehrte, denn nur durch Kasuistik ließen sich die Zweifel der Praxis bezwingen und glaubte man, das jus certum herbeiführen zu können"[4]. Über seine Schüler Daries, Nettelbladt, Ick-

---

[1] *Thieme,* Zeit, S. 237, Anm. 1.

[2] Vgl. dazu im einzelnen *Wolf,* Rechtsdenker, S. 414.

[3] *Wolff,* Politik, § 402. Zur Lückenlosigkeit des Naturrechts bei Pufendorf vgl. oben S. 32 ff.

[4] *Thieme,* Zeit, S. 224; vgl. unten S. 86 f.

statt und Carmer hat Wolff nicht nur auf die preußische, sondern auch auf die österreichische Gesetzgebung eingewirkt und eine in seinem Geist geschulte Generation von Staatsdienern herangezogen. Seine Sozialphilosophie wird von der Glückseligkeitslehre in ihrer reinsten Ausprägung bestimmt und ordnet ihrem Ziel, nämlich dem Glück eines jeden einzelnen, das sich im Staat zur Wohlfahrt der Gesamtheit summiert, das Recht unter. Es hat der Verwirklichung einer vernünftigen Moralität unter den Menschen zu dienen, indem es einen jeden die Pflicht lehrt, die er zur Selbstvervollkommnung zu erfüllen hat[5]. „Praktische Brauchbarkeit und Anerkennung bei den Juristen“[6] hat Wolff vor allen Dingen aber durch seine zahllosen Hörer in reichem Maße gefunden. Nichts beweist seinen Lehrerfolg schlagender als die Tatsache, daß die Grundlage seines Systems, die mathematische Deduktion, in einem heute geradezu unvorstellbaren Ausmaß die Juristenausbildung der damaligen Zeit zu beherrschen begann. „Fast alle Juristen studierten nun auch Mathematik; der Drang zum Demonstrieren und Systematisieren überschlug sich und mündete vielfach in Begriffsscholastik und Haarspalterei“[7]. Der Einfluß der Mathematik auf die juristische Systembildung in der deutschen Naturrechtslehre, angefangen bei Pufendorfs Lehrer Weigel bis hin zu Christian Wolff, ist schon oft dargestellt und in seiner für die großen Kodifikationen des 18. Jahrhunderts so wichtigen systembildenden Kraft richtig erkannt worden[8]. Aber das mathematische Deduktionsprinzip Wolffs hat auch weit über die Ausbildung der Juristen hinaus unmittelbar auf die Methodik der juristischen Arbeitsweise eingewirkt und über ein Jahrhundert lang in der Begriffs- und Konstruktionsjurisprudenz geherrscht[9]. Die völlige Mathematisierung der Rechtswissenschaft ist bei Wolff mit der Vorstellung verknüpft, daß er „das Geschäft des juristischen Entdeckers“ übe, wenn er die jedem positiven Recht überlegene Einheit und Reinheit des natürlichen Rechts zutage fördere[10]. Insofern gewinnt das Wort von der über-

---

[5] *Wolf*, Problem, S. 171.

[6] *Thieme*, Zeit, S. 225.

[7] *Thieme*, Zeit, .S 226.

[8] Vgl. z. .B neben *Thieme*, a. a. O., auch *Wieacker*, Privatrechtsgeschichte, 1. Aufl., S. 193: „Die Wirkungen dieser (sc. der Wolffschen) Methode waren außerordentlich. Sie gab den Systemgrundriß für die preußische Gesetzgebung und, durch Vermittlung der gemeinrechtlichen Schüler Wolffs, auch für die Pandektenwissenschaft und somit auch für das Bürgerliche Gesetzbuch und alle ihm verwandten Gesetzbücher“.

[9] Vgl. dazu *Wieacker*, a. a. O., und 2. Aufl., S. 320.

[10] *Thieme*, Zeit, S. 225. Vgl. dazu auch *Wolff*, Moral, § 27: „Das Gesetze der Natur hat alles entschieden, und ist an sich gantz vollständig, unerachtet es bißher noch nicht vollständig ist erkandt worden“.

positiven Rechtfertigung des positiven Rechts[11] einen ganz besonderen Sinn: Nicht nur die Naturrechtslehre wirkt auf die praktische Rechtswissenschaft ein, sondern auch die Wissenschaft des positiven Rechts greift auf das Naturrecht zurück; „seine klaren Definitionen werden in das positive Recht hineingedeutet, aus dem sie vorher abstrahiert waren, und so auch das letztere harmonisiert[12]. Galt doch als die beste Rechtsordnung selbstverständlich diejenige, welche der natürlichen am nächsten kam"[13]. So wirkt auch hier der Pufendorfsche Gedanke nach, daß die Lücken des positiven Rechts durch das Naturrecht ausgefüllt werden[14], so daß ein vollständiges und widerspruchsfreies Recht in jedem einzelnen Fall zur Anwendung kommen kann. Es ist selbstverständlich, daß hierbei die Rolle des Richters nur die eines „Entscheidungsautomaten" sein kann, denn seine eigene schöpferische Einsicht in die ratio legis ist immer der höheren Vernünftigkeit des Gesetzes und der des Gesetzgebers unterlegen[15]. Es haben diese Vorstellungen wohl in zu starkem Maße Berücksichtigung gefunden bei der preußischen Kodifikation. Doch es scheint, daß hierbei stärker noch gewisse erzieherische Tendenzen[16] des aufgeklärten Absolutismus wirksam geworden sind und damit die entscheidende Maxime des aufgeklärten Herrschers, allein seinem Willen nachdrückliche Geltung zu verschaffen[17]. Die beispiellose Popularität des Allgemeinen Land-

---

[11] *Thieme*, Zeit, S. 228.

[12] Vgl. *Wolff*, Politik, § 432.

[13] *Thieme*, Zeit, S. 228.

[14] Vgl. oben S. 21.

[15] Vgl. dazu *Thieme*, Zeit, S. 228, vor allem Anm. 4.

[16] Vgl. dazu oben S. 24 f.

[17] Friedrich der Große hat seit seinem ‚Project des Corpus Juris Fridericiani', 1749—1751, unbeirrt daran festgehalten, daß nur ein striktes Auslegungsverbot das Gesetz vor Verfälschung und den Rechtssuchenden vor richterlicher Willkür zu schützen vermag. Mit Nachdruck faßt er diese Gedanken noch einmal in der berühmten „Cabinets-Ordre" vom 14. April 1780 an den Großkanzler von Carmer zusammen (abgedruckt im 1. Buch des Corpus Juris Fridericianum, Berlin, 1781): „Was endlich die Gesetze selbst betrifft, so finde ich es sehr unschicklich, daß solche größtentheils in einer Sprache geschrieben sind, welche diejenigen nicht verstehen, denen sie doch zu ihrer Richtschnur dienen sollen. Eben so ungereimt ist es, wenn man in einem Staat, der doch seinen unstreitigen Gesetzgeber hat, Gesetze duldet, die durch ihre Dunkelheit und Zweydeutigkeit zu weitläuftigen Disputen der Rechts-Gelehrten Anlaß geben ..." (S. X). „Dergleichen Gesetz-Commißion muß auch künftig beybehalten werden, damit bey etwa sich ereignenden Mängeln, Undeutlichkeit, oder Fehlern der Gesetze, solche auf eine gründliche Art verbessert, supplirt oder interpretirt werden können. Dagegen aber werde Ich nicht gestatten, daß irgend ein Richter, Collegium oder Etats-Ministre die Gesetze zu interpretieren, auszudehnen oder einzuschrän-

rechts beruhte doch gerade darauf, daß schon die bloße Kenntnis des Gesetzes zu genügen schien, um jedem Staatsbürger ein klares Bild von seinen Ansprüchen und seinen Pflichten zu geben.

2. Obligatio, jus und lex und das Naturrechtsprinzip in Wolffs System

Wolffs viel zitiertes, geradezu berühmt gewordenes Wort „jus oritur ex obligatione"[18] und das andere „obligatio prior est jure"[19] erscheinen als Fundamentalsatz seiner Rechtslehre, nämlich daß „alles Recht als eine Berechtigung zu einer Handlung zu verstehen ist, weil und soweit diese zur Erfüllung einer Verpflichtung notwendig ist"[20]. Das Recht wird definiert als „facultas seu potentia moralis agendi"[21] und dient dazu, uns jene Mittel an die Hand zu geben, ohne die wir unsere Verpflichtungen nicht erfüllen können[22]. Auffallend ist hier die Übereinstimmung mit der Terminologie des Thomasius; auch dieser bestimmt nämlich das Recht im Sinne von Rechtsmacht (potentia) als „potentia agendi in relatione ad normam" oder nach Grotius als „attributum personae"[23] und nennt das Recht im Verhältnis zur Verpflichtung eine „qualitas moralis activa", während er die Verpflichtung selbst als „qualitas moralis passiva" kennzeichnet, jenes als Erweiterung, diese als Einschränkung der Handlungsfreiheit des Menschen[24].

Die Frage ist also, wie sich demgegenüber bei Wolff jus und obligatio zueinander verhalten und in welchem Maße Erzwingbarkeit und Äußerlichkeit des Rechts auch in seinem System eine Rolle spielen, wenn schon die Definitionen von obligatio und jus eine bemerkenswerte Ähnlichkeit mit den von Thomasius gebrauchten Begriffsbestimmungen zeigen.

---

ken, vielweniger neue Gesetze zu geben, sich einfallen lasse; sondern es muß, wenn sich in der Folge Zweifel oder Mängel an den Gesetzen oder in der Prozeß-Ordnung finden, der Gesetz-Commißion davon Nachricht gegeben; von dieser die Sache, mit Rücksicht auf den Sinn und Absicht der übrigen Gesetze, unter Eurem Vorsitz, genau in Erwegung gezogen, und wenn eine würkliche Veränderung oder Zusatz nöthig wäre, Mir gutachtlicher Bericht darüber erstattet werden" (S. XIII f.).

[18] *Wolff*, Jus naturae, I, 23.

[19] *Wolff*, Jus naturae, I, 24.

[20] *Sauter*, Grundlagen, S. 180; ferner *Frauendienst*, Staatsdenker, S. 92 f.

[21] *Wolff*, Institutiones, § 46.

[22] *Wolff*, a. a. O.

[23] *Thomasius*, Fundamenta, 1, V, 1 und 8; ausführlich oben S. 52 ff.

[24] *Thomasius*, Fundamenta, 1, V, 9.

Wolff unterscheidet scharf zwischen dem „Verpflichten“ (obligatio activa)[25] und dem „Verpflichtetsein“ (obligatio passiva)[26]. Das „Verpflichtetsein“, die „necessitas moralis agendi“, setze stets eine Verpflichtung im Sinne von „obligatio activa“ voraus, denn „ex natura voluntatis et noluntatis patet, hominem aliter obligari non posse nisi motivum cum actione connectendo“[27]. Grundlage für die Bestimmung von „moralitas“ und „necessitas moralis agendi“ ist für Wolff die Pufendorfsche Unterscheidung zwischen der physischen und der moralischen Natur einer jeden menschlichen Handlung. Die Betrachtung einer freien Handlung in Hinblick auf ihre Richtigkeit (rectitudo), das heißt, die „differentia actionum liberarum quoad rectitudinem“ — nämlich „ut rectae a non rectis distinguantur“ — ist das, was Wolff als „moralitas“ bezeichnet[28] und was Thomasius durch die „Übereinstimmung mit dem (göttlichen) Gesetz“ definiert[29]. Den Begriff der rectitudo gewinnt Wolff aus dem Verhältnis der actio humana zur determinatio essentialis des Menschen: „Rectitudo igitur actionis humanae est convenientia cum omnibus determinationibus hominis essentialibus“[30], oder wie es Wolff in der Theologia naturalis formuliert: „Actio libera recta est, quae rationem sufficientem in essentia et attributis agentis habet, consequenter nulli determinationi essentiali vel attributo contradicit. Minus recta est illa, quae determinationi alicui essentiali vel attributo contradicit“[31]. Ist nun die „potentia agendi quod physice possibile est“ die „facultas agendi physica“, so ist entsprechend die „potentia agendi quod moraliter possibile“ die „facultas agendi moralis“[32]. Das ist nichts anderes als die lediglich durch die Rechte anderer eingeschränkte ursprüngliche Freiheit eines jeden Menschen, das zu tun, was „richtig“ ist, das heißt, „cum omnibus determinationibus hominis essentialibus convenit“[33]. Wer so handelt, befindet sich im Recht; „cum jure agamus, quod salva rectitudine actionis agimus“[34]. Also gibt die facultas agendi moralis auch die allgemeine Definition für jus[35].

Ebenso kommt Wolff beim Pflichtbegriff, vom Satz des Widerspruchs ausgehend — „cujus oppositum impossibile, seu contradictio-

---

[25] *Wolff*, Institutiones, § 35.
[26] *Wolff*, Institutiones, § 37.
[27] *Wolff*, Institutiones, § 35; §§ 118 f.
[28] *Wolff*, Theologia naturalis, I, § 951.
[29] *Thomasius*, Institutiones, 1, I, 56, und 1, I, 66.
[30] *Wolff*, Philosophia practica, I, § 65.
[31] *Wolff*, Theologia naturalis, I, § 950.
[32] *Wolff*, Theologia naturalis, I, § 953.
[33] *Wolff*, Theologia naturalis, I, § 954, Note.
[34] *Wolff*, Philosophia practica, I, §§ 157 f.
[35] *Wolff*, Theologia naturalis, I, § 954.

nem involvit, id Necessarium dicitur“[36] — zu der Folgerung: „Quodsi ... oppositum fuerit physice impossibile, erit idem physice necessarium: si vero oppositum moraliter tantummodo impossibile, erit idem moraliter necessarium“[37]. Und diese „necessitas moralis agendi“ nennt Wolff „obligatio passiva“[38]; sie beruht auf der Verknüpfung eines Motivs mit der Handlung (obligatio activa), das ist hier die „convenientia cum omnibus determinationibus hominis essentialibus“[39], also beruht jede „facultas agendi moralis“ (jus) auf einer „necessitas moralis agendi“ (obligatio passiva), ist also von daher das Wort zu verstehen „obligatio prior est jure“[40]. Jene Pflichten nun, die sich aus der menschlichen Natur selbst ergeben, nämlich als Pflichten zur Selbstvervollkommnung — und alles muß der Selbstvervollkommnung dienen, was in der Erfüllung der wesentlichen Bestimmung des Menschen geschieht, also alle actiones rectae, actiones moraliter possibiles —, nennt Wolff „natürliche Pflichten“[41]. Diese Pflichten sind unwandelbar und unumstößlich[42].

Entsprechend wird lex als verbindliche Regel verstanden: „Lex dicitur regula, juxta quam actiones nostras determinare obligamur“[43]; um die lex naturalis handelt es sich, wenn diese Verpflichtungskraft auf der notwendigen Übereinstimmung mit der menschlichen Natur beruht. Also ist auch die lex naturalis unwandelbar und so wie die obligatio naturalis göttlich, da sich beide auf die von Gott geschaffene menschliche Natur gründen[44]. Und die Verknüpfung von obligatio, lex und jus (potentia) lautet schließlich bei Wolff: „Facultas ista, seu potentia moralis agendi dicitur Jus. Unde patet, Jus oriri ex obligatione passiva, nec jus ullum fore, si nulla esset obligatio, et lege naturae nobis dari jus ad ea, sine quibus obligationi naturali satisfacere non possumus ... Quodsi ergo lex naturae obligat ad finem, jus quoque dat ad media, consequenter si medium nonnisi unicum fuerit, jure eodem utimur“[45].

Eine Pflicht bezeichnet Wolff als innere, sofern sie das Gewissen betrifft, und sie ist für ihn eine äußere Pflicht, wenn sie im Verhältnis

---

[36] *Wolff*, Ontologia, § 279.

[37] *Wolff*, Theologia naturalis, I, § 972, Note.

[38] *Wolff*, Theologia naturalis, I, § 973; Philosophia practica, I, § 118; Institutiones, § 37.

[39] Vgl. oben S. 88 f.

[40] Der Satz vom Widerspruch schließt aus, daß etwas moralisch möglich ist, dessen Gegenteil nicht zugleich moralisch unmöglich wäre.

[41] *Wolff*, Institutiones, § 36 und § 38.

[42] *Wolff*, Institutiones, § 38.

[43] *Wolff*, Institutiones, § 39.

[44] *Wolff*, Institutiones, §§ 40 f.

[45] *Wolff*, Institutiones, § 46.

der Menschen untereinander Bedeutung hat. Der Unterschied zwischen vollkommenen und unvollkommenen Pflichten bezieht sich nur auf die äußeren Verpflichtungen, nämlich darauf, ob sie auch ein Recht gewähren, den Pflichtigen zur Erfüllung zu zwingen, „atque adeo effectum quendam juris inter homines sortitur"[46]. Auch die bloße Gewissenspflicht kann das Verhältnis der Menschen untereinander betreffen und insofern eine obligatio externa sein, aber dann ist sie nur eine obligatio imperfecta, und „obligatio ista nullum habet effectum juris inter homines"[47].

Von einem „effectum juris" spricht Wolff also nur bei den vollkommenen Verbindlichkeiten, und er vergißt nicht, darauf hinzuweisen, daß das jus imperfectum, „quod jus ad coactionem non continet", gemeinhin auch nicht als jus bezeichnet werde[48]. Als Beispiel für eine unvollkommene Pflicht nennt Wolff die Liebespflichten. Es handele sich im Verhältnis zu den Mitmenschen um solche Pflichten, die ihrem Wesen nach die Erzwingbarkeit ausschlössen[49] — was Thomasius also unter dem „honestum" versteht[50] —; zugleich aber handele es sich um Gewissenspflichten, deren Verletzung „Sünde" sei[51]. Damit stellen die Liebespflichten bei Wolff die Verbindung her zwischen inneren und äußeren Verpflichtungen. Da die äußeren Pflichten nicht mit den erzwingbaren Pflichten zusammenfallen, ist insofern der Kreis der äußeren Pflichten bei Wolff größer als bei Thomasius. Doch der Unterschied ist nur scheinbar; denn mit Hilfe der Erzwingbarkeit grenzt Wolff zugleich die Gewissenspflichten — die eben teilweise auch äußere Pflichten sind — von den Rechtspflichten ab und kennzeichnet damit als erzwingbar genau das, was Thomasius den Bereich des Rechtlichen „im strengen Sinne" nennt[52]; es ist der Bereich des Erzwingbaren im Verhältnis der Menschen untereinander.

Die Wirkung der Verpflichtung ist die Einschränkung der Freiheit; auch darin unterscheidet sich Wolff schließlich nicht von Thomasius[53]. So heißt es bei Wolff in der Philosophia practica (§ 303): „Obligatio restringit libertatem agentis. Etenim obligatio necessitas agenti moralis est (§ 118), adeoque eadem posita haec actio omittenda, non

---

[46] *Wolff*, Jus naturae, I, § 656.

[47] *Wolff*, Jus naturae, I, § 656, Note.

[48] „Jus perfectum etiam simpliciter Jus appellatur, praesertim in Jure civili, ubi nonnisi Juris perfecti habetur ratio", Institutiones, § 80.

[49] *Wolff*, Jus naturae, I, § 660.

[50] Vgl. dazu *Thomasius*, Fundamenta, Prooem. § 9, und 1, VI, 6, 21, 30, 40 ff. Vgl. dazu oben S. 47 f. und S. 80 ff.

[51] „peccare", Jus naturae, I, § 656, Note.

[52] *Thomasius*, Fundamenta, 1, IV, 16 und 19; vgl. auch Observationes, 6, XXVII, 59. Vgl. dazu oben S. 49 ff. und S. 52.

[53] Vgl. dazu oben S. 53.

committenda; illa vero committenda, non omittenda. Quamobrem cum vi libertatis homo possit ex pluribus possibilibus eligere, quod ipsi placet (§ 941 Psych. empir.); obligatio libertatem agentis restringit".

Folgerichtig behält Wolff also die Erzwingbarkeit als kennzeichnendes Merkmal des Rechts bei; er unterscheidet es dadurch von der Billigkeit und läßt beides nur im Bereich der äußeren Pflichten, das heißt, bei den Beziehungen der Menschen untereinander, gelten. Dabei ist das justum mehr dem bürgerlichen Gesetz, das aequum dem natürlichen Recht zuzuordnen[54]. Das decorum dagegen ist auch für Wolff gleichsam ein Mittelding zwischen honestum und justum, nur befreit er es von den ausgesprochenen Utilitätserwägungen des Thomasius[55]. So verwendet auch Wolff die alte Umschreibung für honestum, justum und decorum: „Honeste vivere, neminem laedere, suum cuique tribuere"[56]; unter dem individualistischen und egozentrischen Nützlichkeitsstandpunkt des Thomasius hieß das: „Quod vis, ut alii sibi faciant, tute tibi facies"[57], „quod tibi non vis fieri, alteri ne feceris"[58] und „quod vis, ut alii tibi faciant, tu ipsis facies"[59]. „Honeste vivere" ist auch für Wolff zugleich der Inbegriff der höchsten Tugend, die vollkommene Erfüllung aller Pflichten. Freilich handelt es sich bei der honestas um Pflichten, die entweder jeder gegen sich selbst zu erfüllen hat, oder die zwar den Mitmenschen gegenüber bestehen, aber nicht erzwingbar sind, so daß im strengen Sinne[60] die honestas eigentlich in Gegensatz steht zur justitia, die sich mit den durchsetzbaren Rechten und den erzwingbaren Pflichten befaßt[61]. Da aber honeste vivere nichts anderes heißt, als alle Gebote des Naturrechts erfüllen — um ihrer selbst willen und ohne Rücksicht auf das mit Zwangsgewalt ausgestattete Recht eines anderen —, so werden, wie Wolff mit Nachdruck betont, actiones honestae auch immer actiones justae sein, wenn durch sie eine vollkommene Pflicht Genüge finde[62]. Umgekehrt sei es zwar wünschenswert und letztlich das Ziel eines wirklich sittlichen

---

[54] *Wolff*, Institutiones, § 83; vgl. dazu auch Philosophia practica, I, § 240, und § 241, Note.

[55] *Wolff*, Philosophia practica, I, §§ 171, 194, ferner Institutiones, § 49, und §§ 54 f.

[56] *Wolff*, Jus naturae, I, § 962, Note.

[57] *Thomasius*, Fundamenta, 1, VI, 40.

[58] Fundamenta, 1, VI, 42.

[59] Fundamenta, 1, VI, 41. Vgl. dazu oben S. 47.

[60] Hier taucht sogar wörtlich die Terminologie des Thomasius wieder auf. Vgl. dazu die folgende Anmerkung.

[61] *Wolff*, Jus naturae, I, § 926, und die von § 926 vorausgesetzten Definitionen in den §§ 923—925.

[62] *Wolff*, Jus naturae, I, § 968.

Lebens, die Rechtspflichten nicht nur des drohenden Zwanges wegen zu erfüllen, aber die innere Einstellung, der Grundsatz des honeste vivere, gehört für Wolff nicht zur Definition des justum oder der justitia. Vielmehr zeigt gerade die von ihm scharf durchgeführte Unterscheidung zwischen justum und aequum[63], in welchem Maße Wolff tatsächlich die Erzwingbarkeit mit dem Begriff des Rechtlichen verknüpft und damit weitaus stärker an Thomasius und Pufendorf anknüpft, als es das Wort von der „Vermengung des Rechts mit der Moral" gelten lassen will[64]. Weder seine ausgeprägt antinominalistische Haltung noch die Selbstverständlichkeit, mit welcher Wolff Metaphysik und Religion in den Kreis seines naturrechtlichen Systems einbezieht, lassen ihn einfach als Überwinder eines nominalistischen und utilitaristischen Irrwegs erscheinen und sein Werk als Rückkehr zur scholastischen Tradition[65]. Gewiß, Wolff fürchtet nicht die Macht jener Vorurteile, gegen die zu kämpfen Thomasius für sein Hauptanliegen gehalten hat[66], aber er braucht sie auch nicht mehr zu fürchten, da für ihn die Selbständigkeit seiner Disziplin, die Untrüglichkeit ihres mathematischen Fundaments bereits unbestrittene Voraussetzung ist, als er seine ersten naturrechtlichen Schriften verfaßt. Unvergleichlich viel stärker als Thomasius durch die Fähigkeit zur systematischen Darstellung riesiger Stoffmassen ausgezeichnet, in der pedantischen Durchführung des mathematischen Prinzips auch weit von Pufendorf entfernt, hat Wolff das Naturrecht als terra incognita betrachtet, die es mit den von ihm gewiesenen Hilfsmitteln nur zu entdecken gelte, um so auf jede Frage eine vernünftige Antwort zu finden. Die Begriffe aber, die er dabei verwendet, sind dieselben, mit denen Thomasius und Pufendorf schon die Positivierung des Rechts vorangetrieben hatten.

3. Das Verhältnis des natürlichen Rechts zum positiven menschlichen Recht. Die Anforderungen Wolffs an die bürgerlichen Gesetze

Wenn vom Verhältnis der inneren zu den äußeren, der erzwingbaren zu den nicht erzwingbaren Pflichten die Rede ist, so ist damit schon die Frage angeschnitten nach dem Verhältnis der lex naturalis zur lex positiva humana überhaupt, geht es um die für die ganze Naturrechtslehre so außerordentlich wichtige Fragestellung, wie die bürgerlichen Gesetze aus den natürlichen, die Gesetzbücher aus dem

---

[63] Vgl. oben S. 92.

[64] Schon für Frank war das eine überkommene Meinung, vgl. *Frank*, Strafrechtsphilosophie, S. 17, Anm. 7; eingehend das Wolff-Kapitel bei *Sauter*, Grundlagen, S. 178 ff.

[65] Vgl. dazu *Sauter*, a. a. O.

[66] Vgl. dazu oben S. 48 f.

Naturrecht herzuleiten sind, gilt es — nach Wolffs eigenen Worten —, den „modus leges civiles ex naturalibus efficiendi“ zu finden[67]. Wolff befaßt sich mit diesem Problem im achten Buch seines Jus naturae unter der Überschrift „De Theoria naturali legum civilium“[68]. Dabei wiederholt er im wesentlichen nur die bekannten Vorstellungen, allerdings mit einem deutlich auf Kritik der bürgerlichen Gesetze gestimmten Ton; ihm dient die theoria naturalis legum civilium vor allem zu einer scharfen Musterung der lex civilis: „Esse hanc partem Juris naturalis, ac in specie Juris publici universalis, haud difficulter intelligitur. Etenim legi naturae subest exercitium totius potestatis legislatoriae, qua invita ob immutabilitatem illius et necessitatem indispensabilem ... nihil constitui potest. Ipsa igitur docet, quid Juri naturae addendum, vel demendum, ut ex eo fiat jus civile, consequenter modum praescribit leges civiles ex naturalibus efficiendi. Ac inde ostendum est, utrum lex aliqua civilis recte sit statuta, nec ne, ac per consequens utrum ea sit aequa, an iniqua, utrum justa, an injusta“[69].

Der Vorrang des natürlichen Rechts aller irdischen Gesetzgebung gegenüber ist damit ganz eindeutig betont. Freilich geht Wolff dabei nicht ins einzelne, und er bringt auch keine Beispiele für eine im geltenden Recht bestehende Diskrepanz zwischen natürlichem und bürgerlichem Recht, vielmehr bleibt er auch hier seinem Grundsatz treu, daß von dem zu sprechen sei, was sein solle, und nicht von dem Recht, das gilt[70]. So sind seine Worte als Anweisung an den Gesetzgeber zu verstehen, und Wolff summiert dabei, was zu seiner Zeit schon geradezu als überkommener Grundsatz der Naturrechtsdoktrin gelten konnte. Er wiederholt, daß die bürgerlichen Gesetze nur die Bürger ihres Staates verpflichten[71], daß sie den Gebots- und Verbotsnormen des Naturrechts nicht widersprechen dürfen[72] und der irdische Gesetzgeber lediglich Straflosigkeit gewährt, wo er das naturrechtlich Verbotene gestattet[73]. Auch für Wolff ist die Strafsanktion das entscheidende Kennzeichen der vom irdischen Gesetzgeber dem naturrechtlichen Verbot hinzugefügten „zivilen“ Verpflichtungskraft[74], so wie bei den naturrechtlichen Gebotsnormen die vom Gesetzgeber gewährte richterliche Hilfe, die Durchsetzung der naturrechtlichen Pflicht mit unmittelbarem staatlichen Zwang erst diesen Regeln den

---

[67] *Wolff*, Jus naturae, VIII, § 966.

[68] *Wolff*, Jus naturae, VIII, 5. Kapitel.

[69] *Wolff*, Jus naturae, VIII, § 966, Note.

[70] Vgl. oben S. 85.

[71] *Wolff*, Jus naturae, VIII, § 967.

[72] Jus naturae, VIII, § 973, und § 974: „Superiori itaque non competit jus ex illicito faciendi debitum, nec ex debito illicitum“.

[73] *Wolff*, Jus naturae, VIII, §§ 975 f.

[74] *Wolff*, Jus naturae, VIII, § 979.

Charakter bürgerlicher Gesetze verleiht. Nicht eine Strafsanktion, sondern der drohende Zwang wirkt in diesem Falle als Motiv zur Erfüllung der lex naturalis und begründet damit eine obligatio civilis („nimirum executione rei judicatae non minus introducitur obligatio civilis, quam poenis")[75]. Erheblich schärfer hat Pufendorf schon die bloß subsidiäre Rolle des Naturrechts und die ausschließliche Geltung der lex humana vor den staatlichen Gerichten betont[76]. Aber seit Pufendorf gilt es als die wesentliche Freiheit des Gesetzgebers dem Naturrecht gegenüber, unvollkommene natürliche Verbindlichkeiten durch die bürgerlichen Gesetze zu vollkommenen Verpflichtungen zu erheben, wenn es das öffentliche Interesse so erfordert. Und so heißt es auch bei Wolff: „Quamobrem cum obligatio perfecta ad officia humanitatis repugnet libertati naturali ... ea autem in civitate restringi possit, quantum exigit finis civitatis ...; lege utique civili ex eo, quod imperfecte debetur naturaliter, perfecte debitum effici potest, si finis civitatis exigat"[77].

Die Summe aller dieser Überlegungen besteht schließlich auch bei Wolff darin, daß die staatlichen Gesetze den nach Zeit und Umständen wechselnden Bedürfnissen der civitas Rechnung tragen müssen[78], daß sie das Mittel darstellen zur Vervollkommnung der staatlichen Gemeinschaft und zur Durchdringung aller Lebensbereiche, um mit der Förderung der guten und durch Hemmung aller bösen Eigenschaften des Menschen das hohe Ziel des bonum commune zu erreichen[79]. Aber bei dieser allgemeinen Formel von der Anpassung des natürlichen Rechts mit Hilfe der lex civilis an die Besonderheiten eines jeden Staates bleibt Wolff nicht stehen. Nicht in seinem großen ‚Jus naturae', wohl aber in der ‚Politik' zeigt Wolff, daß er die Bemühungen der ganzen Naturrechtsdoktrin um die Kunst rechter Gesetzgebung in einer ausführlichen Abhandlung zusammenzufassen gedenkt. Die natürlichen Gesetze zieht er dabei nur heran, um gerade an ihren Unvollkommenheiten in der staatlichen Gemeinschaft zu erweisen, wie notwendig die Regelung durch bürgerliche Gesetze ist: „Es sind zwar alle Handlungen der Menschen durch das natürliche Gesetze

---

[75] *Wolff*, Jus naturae, VIII, § 980, Note.

[76] Vgl. oben S. 20 f.

[77] *Wolff*, Jus naturae, VIII, § 977.

[78] Vgl. dazu auch Politik, § 413, wo Wolff von der „Vorsichtigkeit" spricht, mit welcher fremde und daher unpassende Gesetze anzuwenden seien; vgl. ferner *Marchet*, Studien, S. 250 ff., und *Frauendienst*, Staatsdenker, S. 149 ff.

[79] *Wolff*, Jus naturae VIII, § 18: „... civis quilibet obligatur bonum civitatis commune pro virili promovere et salutem civitatis curae habere debet". Vgl. dazu außerdem Jus naturae, VIII, §§ 971 f., und die ausführliche Zusammenfassung, die Wolff in § 991 und in der Note zu § 991 gibt.

determiniret, ob sie gut oder böse sind und ist eben dieses Gesetze das allervollständigste, so daß es nichts übrig lässet, welches erst durch andere Gesetze dürffte determiniret werden, ob es gut oder böse sey ... Allein es finden sich doch allerhand Ursachen, warum man im gemeinen Wesen auch noch andere Gesetze gebrauchen muß, welche man die bürgerlichen zu nennen pfleget, weil sie im bürgerlichen Leben nöthig sind. Nehmlich anfangs ist schon oben .... angemercket worden, daß die natürliche Verbindlichkeit nicht hinlänglich ist die Menschen zur Erfüllung des Gesetzes der Natur zu bringen und man dannenhero im gemeinen Wesen noch eine neue Verbindlichkeit einführen müsse, die da durchdringet, wo die natürliche unkräfftig erfunden wird ...“[80].

Und so entwickelt Wolff seine ganze Theorie von den bürgerlichen Gesetzen; mühelos beseitigt er jene Bedenken, die wegen der lückenlosen Vollständigkeit der naturrechtlichen Sätze gegen die Notwendigkeit der bürgerlichen Gesetze überhaupt geltend gemacht werden können. Es klingt sogar schon der Gedanke an die ‚Rechtssicherheit‘ an, wenn Wolff davon spricht, daß die bürgerlichen Gesetze die unvermeidlichen „Weitläufftigkeiten“ mancher naturrechtlichen Regel durch eindeutige Bestimmungen überwinden sollten und daß es schließlich diese Eindeutigkeit des bürgerlichen Gesetzes erst dem Richter ermögliche, die Gesetze „in allen vorkommenden Fällen“ anzuwenden[81]. Um dieses Zieles willen seien mancherlei Abweichungen vom Gesetz der Natur nicht zu umgehen und daher erlaubt. Und weil Klarheit und leichtfaßliche Verständlichkeit des bürgerlichen Gesetzes die Voraussetzung für seine Befolgung sind, wird Wolffs Unterweisung des Gesetzgebers im vierten Kapitel seiner ‚Politik‘ unversehens zur Lehre von der rechten Formulierung der bürgerlichen Gesetze.

Zuallererst müsse der Gesetzgeber von der Materie, die er regeln wolle, etwas verstehen; also sei das Abfassen des Gesetzestextes auch denjenigen zu überlassen, „die genugsame Erkäntniß dazu haben“[82]. Ja, Wolff wäre nicht einmal abgeneigt, die Publikation der Gesetze mit amtlichen Erläuterungen verknüpft zu sehen. „... wo ... die Gesetze vielmehr mit Verstande gegeben werden, da ist es dem Gesetzgeber angenehm, wenn die Unterthanen seine Wahrheit und Güte erkennen lernen“[83]. „... zu solchem Ende müssen diejenigen, welche die Statuta entwerffen, zugleich bey einem jedem Gesetze anzeigen, was vor eine Absicht sie dabey haben und wie sie solche vermittelst

[80] *Wolff*, Politik, § 401.
[81] Ebenda.
[82] § 406.
[83] § 408.

des von ihnen vorgeschlagenen Gesetzes zu erreichen gedencken ..."[84]. Freilich würden Fälle genug bleiben, die zwar unter das Gesetz fielen, aber bei denen der einzelne Bürger nach Ausflüchten suchen werde, um den Gehorsam verweigern zu können, oder die das Gesetz einfach nicht habe vorhersehen können und die deshalb auch tatsächlich nicht erfaßt worden seien. Wolff denkt für beide Fälle an eine kasuistische Absicherung des Gesetzestextes; die „viel zu allgemeine" Fassung der ersten Bekanntmachung[85] sei durch ständige Beobachtung der einzelnen Lebenssachverhalte, die es zu regeln gelte, durch ständige Ergänzung und Vervollkommnung des Gesetzes so weiterzuentwickeln, daß schließlich die für die allgemeine Wohlfahrt und Sicherheit so wichtige Lückenlosigkeit der gesetzlichen Regelung erreicht werde, „man nach und nach immer vollkommenere Gesetze" bekomme[86]. Das heißt: hat ein bestimmter Fall Anlaß gegeben, das Gesetz neu zu fassen, so soll nicht nur der neue Gesetzestext, sondern es sollen auch die Umstände des dazu gehörigen Falles in das Gesetzbuch aufgenommen werden, „damit man künfftig, wenn er wieder vorkommet, sich darnach richten soll"[87]. So wäre dann schließlich in vollkommener Weise das erreicht, was Wolff meint, wenn er von der Veröffentlichung des Gesetzes zugleich mit seiner offiziellen Erläuterung spricht[88].

Es darf allerdings nicht übersehen werden, daß Wolff die Vorteile und die Nachteile einer kasuistischen Formulierung des Gesetzes gegeneinander abzuwägen weiß und er sich keineswegs für die kasuistische Gesetzgebungspraxis des aufgeklärten Absolutismus mit allen ihren Schattenseiten in Anspruch nehmen läßt. Wolff sieht nämlich durchaus richtig, daß das kasuistische Gesetz in der Hand eines unfähigen Richters erheblich größeren Schaden anrichten kann als ein allgemeiner formuliertes Gesetz, das die Anwendung auf verschiedene gleichgelagerte Fälle zuläßt, ohne daß der Richter eine Vielzahl von subtilen Unterscheidungen treffen und berücksichtigen muß[89].

Die einleuchtendste Erklärung des Gesetzes nützt jedoch nichts, wenn der Gesetzgeber nicht dafür sorgt, daß das Gesetz nicht nur bekanntgemacht, sondern wirklich gekannt wird. „Denn wie kan man verlangen, daß einen die Straffe von der Übertretung des Gesetzes abhalten soll, wenn man weder das Gesetze weiß, noch von der darauf gesetzten Straffe etwas vernommen ..."[90]. Also sollen auch besondere Gesetzbücher „zum gemeinen Gebrauche" geschrieben und

[84] *Wolff*, Politik, § 408.
[85] § 412.
[86] § 411.
[87] § 412.
[88] § 412.
[89] § 425.
[90] § 415.

einem jeden schon von Jugend auf in die Hand gegeben werden. „Es dürffte dieses zwar, weil es etwas gantz ungewöhnliches ist, einem und dem anderen seltsam vorkommen: allein da jedermann gestehen muß, daß man sich mit der Unwissenheit entschuldigen kan, so lange es nicht in unserem Vermögen gestanden, dieselbe zu vermeiden . . ., so sehe ich nicht, warum man die zur Abwendung der Unwissenheit nöthige Mittel nicht erwehlen soll"[91]. Deswegen müsse noch lange nicht jeder Bürger zum Rechtsgelehrten werden, aber er solle doch so viel Gesetzeskenntnis besitzen, daß er sich vor dem Schaden und dem Unglück bewahren könne, die aus der Übertretung der Gesetze für ihn entstünden[92]. Und die angedrohte Strafe werde den Übertreter mit Sicherheit treffen, da der Gesetzgeber schon mit Rücksicht auf die Achtung vor dem Gesetz gehalten sei, die verwirkte Strafe unbedingt zu vollstrecken[93].

Es gibt wenige Stellen in der deutschen naturrechtlichen Literatur des 18. Jahrhunderts, die die Frage nach der rechten Gesetzgebungskunst mit einer so detaillierten Anweisung an den Gesetzgeber beantworten, wie es hier bei Wolff geschieht. Die Höherrangigkeit der naturrechtlichen Gebote bleibt unbestritten, aber der außerordentliche Vorzug der bürgerlichen Gesetze ist die Anpassungsfähigkeit an die wechselnden Bedürfnisse des Staates und die trotz der immer wieder erforderten Übereinstimmung mit der lex naturalis gegebene Möglichkeit, durch Klarheit und Unmißverständlichkeit des Gesetzestextes dem Ziel der allgemeinen Wohlfahrt besser dienen zu können als das natürliche Recht, das auf die vernünftige Einsicht der Menschen angewiesen ist und dessen Kenntnis daher begrenzt bleibt. Auch Wolffs Vorstellung von dem vertrauten Umgang mit den bürgerlichen Gesetzen schon von Jugend an hat vor allem auf den preußischen Gesetzgeber des 18. Jahrhunderts, auf die Schöpfer des Allgemeinen Landrechts, stark eingewirkt und scheint nicht zuletzt ein überzeugender Ausdruck jener Geisteshaltung zu sein, die sich als das erzieherische Element des aufgeklärten Absolutismus kennzeichnen läßt[94].

---

[91] *Wolff*, Politik, § 415.

[92] „. . . es solle jeder diejenigen Gesetze und dabey gesetzte Straffen lernen, durch deren Ubertretung er entweder grossen Schaden haben, oder auch höchst unglücklich werden kan, wenn er in die Straffe verfället, dergleichen er sich bey einem Verbrechen nimmermehr vermuthet hätte", *Wolff*, Politik, § 415.

[93] *Wolff*, Politik, § 409. Wie stark hier die Straftheorie Wolffs hineinwirkt und wie sehr Wolff schon eine rein auf die psychologische Zwangswirkung ausgerichtete Straftheorie vertritt, wird noch im folgenden Kapitel zu untersuchen sein; vgl. unten S. 100 ff.

[94] Vgl. dazu oben S. 87; zu Wolffs Autorität als Lehrmeister der Gesetzgeber seiner Zeit vgl. *Frauendienst*, Staatsdenker, S. 67 f.

Es ist somit auch Wolffs Verdienst, daß er die unvergleichliche Popularität des Allgemeinen Landrechts, das Vertrauen in die Redlichkeit und Rechtlichkeit der preußischen Justiz, begründen half[95].

Friedrich der Große hat in seiner Akademieabhandlung ‚Dissertation sur les raisons d'etablir ou d'abroger les lois'[96] vom Standpunkt des Gesetzgebers aus ähnliche Gedanken ausgesprochen wie Wolff in seiner ‚Politik'; so lautet schon Friedrichs Grundgedanke: „Untersuchen wir das Verfahren der weisesten Gesetzgeber, so sehen wir . . ., daß die Gesetze der Regierungsform und dem Geiste des Volkes, für das sie bestimmt sind, angepaßt sein müssen, daß die besten Gesetzgeber das Gemeinwohl im Auge hatten und daß im großen und ganzen, einige Ausnahmen abgerechnet, die Gesetze die besten sind, die der natürlichen Billigkeit am nächsten kommen"[97]. Es überrascht nicht, daß der preußische König die Klarheit des Gesetzes an erster Stelle nennt — „ein vollkommenes Gesetzbuch wäre das Meisterstück des menschlichen Verstandes im Bereiche der Regierungskunst"[98] — und er dabei zum beredten Anwalt der Kodifikation der Gesetze wird[99]; aber es ist doch zu beachten, wie stark die Ähnlichkeit zu Wolffs Gedankengängen ist, so wenn der König zum Beispiel die vielfältigen Streitereien in Erbschaftsfällen genauso wie Wolff für ein entscheidendes Motiv hält, gerade diese Materie besonders eingehend in den bürgerlichen Gesetzen zu regeln[100], und er im übrigen davon spricht, daß „deutliche Gesetze keine Gelegenheit zu Rechtsverdrehungen geben und buchstäblich vollstreckt werden müssen" und „daß der Ausdruck bei einem Gesetz um so gewissenhafter abzuwägen sei, je mehr man schon bei belanglosen Schreibereien über den Ausdruck nachgrübelt"[101]. Es mag dahingestellt bleiben, in welchem Maße der preußische König hier unmittelbar durch Wolff beeinflußt wurde[102].

---

[95] Vgl. dazu *Wolf*, Rechtsdenker, 3. Aufl., S. 451 ff.

[96] Diese Akademieabhandlung wurde nach einem am Schluß des Werkes gegebenen Vermerk am 1. Dezember 1749 beendet und am 22. Januar 1750 in der Akademie verlesen, vgl. *Volz*, Werke, VIII, S. 22, Anm. 1.

[97] Ich zitiere aus der deutschen Übersetzung von v. Oppeln-Bronikowski's, die sich in der zuvor erwähnten Ausgabe von Volz befindet.

[98] *Volz*, Werke, VIII, S. 32; *Oeuvres*, IX, S. 27.

[99] *Volz*, Werke, VIII, S. 37.

[100] Vgl. dazu *Wolff*, Politik, § 428.

[101] *Oeuvres*, IX, S. 32; *Volz*, Werke, VIII, S. 36; vgl. dort auch S. 32 f.

[102] Frauendienst hält es für erwiesen, daß Friedrich die ‚Politik' Christian Wolffs nicht gelesen hat, *Frauendienst*, Staatsdenker, S. 51 ff., insbesondere S. 56 ff., wo Frauendienst das Verhältnis Friedrichs des Großen zu Wolff im Zusammenhang darstellt. Auch *Fischl*, Aufklärungsphilosophie, S. 85 ff., hält allein den französischen Einfluß auf den preußischen König für entscheidend; vgl. dazu aber auch *Thieme*, Zeit, S. 237, der gerade bei dieser Schrift des Königs den Einfluß Wolffs für maßgeblich erachtet.

Unbestreitbar ist aber, daß diese Gedanken jedenfalls schon zwei Jahrzehnte vor Montesquieus berühmter Schrift und zwei Jahrzehnte vor der Abhandlung des Königs zur Gesetzgebungskunst von dem Manne formuliert worden sind, der die Schöpfer der neuen Gesetzeswerke und damit die Träger der kriminalpolitischen Aufklärung erzogen hat[103].

4. Die Wolffsche Strafrechtsdoktrin und ihre Einwirkung auf die Formulierung der Strafgesetze

Während die konsequent durchgeführte Unterscheidung zwischen „natürlichen Strafen" und den von Menschen verhängten „irdischen Strafen" bei Thomasius zum Ausgangspunkt wird für eine klare Trennung zwischen peccatum und delictum und damit für Thomasius der Begriff der Sünde aus dem Bereich der irdischen Strafrechtspflege herausfällt[104], ist eine ähnlich klare Abgrenzung bei dem sonst so definierfreudigen Wolff nicht anzutreffen. Gewiß, auch Wolff unterscheidet peccatum und delictum voneinander. Er definiert die Sünde als Verletzung der lex naturalis oder des sonstigen positiven göttlichen Rechts[105] und nennt „maleficium", das die Begriffe delicta privata und delicta publica (crimina) umfaßt, jede kulpose Handlung, durch die einem anderen Schaden zugefügt oder ein Unrecht angetan wird[106]. Aber es bleibt unklar, in welchem Verhältnis maleficium, delictum,

---

[103] Lehrreich ist ein Vergleich mit Hommels Traktat ‚Principis cura leges'; daß die rechte Gesetzgebungskunst zuallererst genaueste Kenntnis des Landes und seiner Bewohner voraussetzt, daß sie die kritiklose Übernahme fremder Gesetze ausschließt („... quia lex civitati, non civitas legibus accomodanda...") und einen erfahrenen und weitgereisten Fürsten erfordert, ist einer der Hauptgesichtspunkte in Hommels Schrift (vgl. Kap. VIII). Es handelt sich bei dieser Schrift um eine ‚Dissertatio extemporanea', die unter dem Präsidium Hommels und in Gegenwart des Kurfürsten Friedrich August von einem Friedrich Adolph von Burgsdorf verteidigt worden ist. Als Datum ist der 30. April 1765 genannt. Geht man davon aus, daß zweifellos Hommel selbst als Autor dieser Schrift in Frage kommt, so handelt es sich, worauf *v. Zahn* (Strafrechtsphilosoph, S. 91) mit Recht hinweist, um eine Zusammenfassung aller entscheidenden Reformvorschläge Hommels unmittelbar bevor er mit der Gedankenwelt Beccarias in Berührung kam. Es ist aufschlußreich, zu sehen, wie hier ein in der Strafrechtspflege tätiger Jurist die Reformvorschläge seiner Zeit sammelt und vom Standpunkt eines Praktikers aus darstellt, der mit unzeitgemäßen Gesetzen Recht sprechen mußte. So ist es nicht verwunderlich, daß er später im Gegensatz zu Beccaria eine erhebliche Freiheit des Strafrichters dem Gesetz gegenüber bejaht; vgl. dazu im einzelnen *v. Zahn*, Strafrechtsphilosoph, S. 97 ff.

[104] Vgl. oben S. 56 ff.

[105] *Wolff*, Philosophia practica, I, § 440.

[106] *Wolff*, Institutiones, § 1030.

und crimen zur lex humana positiva stehen. Weder kennzeichnet Wolff delictum als Verstoß gegen das staatliche Gesetz, noch bringt er es überhaupt unmittelbar mit der irdischen Strafrechtspflege in Verbindung. Erst aus dem Zusammenhang ergibt sich, daß er crimina (delicta publica) jedenfalls nur in der staatlichen Gemeinschaft für möglich hält; er definiert nämlich „crimen“ als „delictum, quo Reipublicae damnum datur vel injuria infertur“[107], und bestätigt damit, daß schon das Attribut „publicum“ außerhalb des Staates nicht denkbar ist.

Bei der Definition der Sünde aber wirkt sich die Wolffsche Lehre vom Verhältnis zwischen Naturrecht und lex humana aus[108]; hier betont Wolff ausdrücklich, daß sich als peccatum nicht einfach jede Verletzung eines Gesetzes bezeichnen lasse, da es menschliche Gesetze gebe, die den natürlichen Gesetzen widersprächen, so daß nicht der sündige, der sie verletze, sondern gerade derjenige, der sie erfülle[109]. Daraus folgt aber umgekehrt, daß dort, wo lex naturalis und lex positiva humana sich vollständig decken, für Wolff ebensowenig wie für Pufendorf[110] ein Anlaß besteht, zwischen peccatum und delictum zu unterscheiden. Der Wolff-Schüler Engelhard ist hier letztlich nur konsequent, wenn er von „gemischten Verbrechen“ spricht, wo eine Handlung sowohl gegen das Naturrecht wie auch gegen das menschliche Recht in gleicher Weise verstößt[111].

Hier darf freilich nicht übersehen werden, daß Engelhard, der mit seinem ‚Versuch eines allgemeinen peinlichen Rechtes‘ praktisch nur zusammenfaßt, was sich bei Wolff, in allen Werken verstreut, zum Strafrecht findet, bei der Bestimmung dessen, was unter Sünde und Verbrechen zu verstehen sei, über Wolff hinausgeht. Engelhard knüpft nämlich bei seiner Definition des Verbrechens an die Wolffsche Pflichtenlehre an und wählt Wolffs Unterscheidung zwischen erzwingbaren und nicht erzwingbaren Verbindlichkeiten als Abgrenzungskriterium[112]. Dabei läßt Engelhard allerdings unberücksichtigt, daß Wolff zunächst einmal zwischen inneren und äußeren Verpflichtungen unterscheidet und die Einteilung nach der Erzwingbarkeit in vollkommene und unvollkommene Verbindlichkeiten nur bei den äußeren Verpflichtungen durchgeführt sehen will[113], so daß es sich genau genommen bei Engelhards Ausgangspunkt nur um die äußeren Verbindlichkeiten handelt, die im Verhältnis der Menschen untereinander

---

107 *Wolff*, Institutiones, § 1030.
108 Vgl. oben S. 93 ff.
109 *Wolff*, Philosophia practica, I, § 440, Note.
110 Vgl. oben S. 42.
111 *Engelhard*, Versuch, § 63.
112 *Engelhard*, Versuch, § 3; vgl. oben S. 90 ff.
113 *Wolff*, Jus naturae, I, § 656.

gelten. Engelhard nennt nun jede Handlung, „die einer Pflicht, sie mag nun vollkommen oder unvollkommen seyn, zuwider ist, eine Sünde“[114]. Er bezieht sich hierbei zwar auf die Wolffsche Definition der Sünde als Verletzung einer lex naturalis, aber er geht über diese Definition hinaus und verläßt sie, wenn er fortfährt: „Allein eben deswegen, weil aus dem Gesetze der Natur so wohl eine vollkommene als unvollkommene Verbindlichkeit entstehen kann: So ist eine jede Handlung eine Sünde, die einer vollkommenen so wohl als unvollkommenen Pflicht zuwider ist“. Als „Übeltat“ oder „Verbrechen“ bestimmt er eine schuldhafte Handlung, die eine vollkommene, das heißt also, eine erzwingbare Pflicht verletzt[115]. Da aus positiven Gesetzen stets erzwingbare Verpflichtungen entstehen[116], sind für Engelhard alle Verstöße gegen menschliche Gesetze Verbrechen („bürgerliche Verbrechen“) — sofern sie schuldhaft begangen werden —, und ebenso sind jene Verletzungen des natürlichen Rechts Verbrechen, die vollkommenen natürlichen Pflichten zuwiderlaufen („natürliche Verbrechen“). Weil aber der irdische Gesetzgeber nicht gehindert ist, auch noch zu regeln, was schon das Naturrecht zur vollkommenen Pflicht macht, kommt Engelhard folgerichtig zum Begriff des oben erwähnten „vermischten oder gemischten Verbrechens“[117] und damit zur Dreiteilung in natürliche, bürgerliche und vermischte Verbrechen.

So ergibt sich eine klare Abgrenzung zur Sünde in dem Falle, wo erst der irdische Gesetzgeber einer naturrechtlichen unvollkommenen Verpflichtung den Charakter der Erzwingbarkeit verleiht; dann wird zu einem Verbrechen, was zuvor nur Sünde war[118]. Doch während Wolff Verbrechen nur in der staatlichen Gemeinschaft für möglich hält[119], ist bei Engelhard der Verbrechensbegriff nicht auf den Staat beschränkt und in der Gestalt des „natürlichen Verbrechens“ auch außerhalb des Staates denkbar — der unterschiedliche Ausgangspunkt bei der Definition des Verbrechens zeigt hier seine Konsequenz —. Da endlich vollkommene Verbindlichkeiten nach Engelhards Vorstellung manchmal durch das natürliche Recht, immer aber vom positiven menschlichen Gesetz begründet werden, ist Sünde stets ein Verstoß gegen das natürliche Recht, während umgekehrt Verletzungen der lex humana zwar auch Sünde sein können, immer aber Verbrechen sind.

Damit erweist sich, daß die von Wolff und von Engelhard durchgeführte Unterscheidung zwischen Sünde und Verbrechen die klare Grenzlinie, die Thomasius mit Hilfe des Strafbegriffs findet, nicht

[114] *Engelhard*, Versuch, § 3.
[115] Ebenda.
[116] *Engelhard*, Versuch, (S. 7).
[117] *Engelhard*, Versuch, § 63.
[118] *Engelhard*, Versuch, (S. 5).
[119] Vgl. oben S. 101.

einhält, sondern praktisch darauf hinausläuft, „peccatum" als Oberbegriff für alle Arten von Gesetzesverletzungen zu betrachten, sofern nur kein Widerspruch zwischen lex naturalis und lex positiva humana besteht. Je mehr sich also die staatliche Ordnung dem Idealfall nähert, Spiegelbild der naturrechtlichen Ordnung zu sein, um so unwichtiger wird schließlich die Unterscheidung zwischen peccatum und delictum; alle Gesetzesverletzungen sind dann Verbrechen und Sünde zugleich. Von diesem Standpunkt aus ist es also durchaus konsequent, wenn Wolff das naturrechtliche Gebot, daß der Mensch Gott zu dienen habe, mit der Strafsanktion des bürgerlichen Gesetzes ausgestattet wissen will[120].

Nun darf man hier nicht in den Fehler verfallen, bei Wolff Sünde und Verbrechen für unterschiedslos miteinander vermengt zu halten, so als ob Wolff durch Strafen die Tugend zu fördern hoffe. Wolff gibt sich keiner Illusion darüber hin, daß die „Zucht" im Staate nur das äußere Wohlverhalten im Auge haben kann: „Weil die Straffen nicht tugendhafft machen, sondern nur hindern, daß man das Böse, welches man im Sinne hat, nicht vollbringet...; so wird dadurch nur eine äusserliche Zucht erhalten. Nehmlich die äusserliche Zucht bestehet in der Übereinstimmung der äusserlichen Handlungen mit dem Gesetze der Natur, und kan dabey die Lust zu wiedrigen Handlungen noch immer verbleiben..."[121]. Trotz der scheinbaren Vermischung von Sünde und Verbrechen ist also für Wolff Gegenstand der staatlichen Gesetze und damit Gegenstand der irdischen Strafrechtspflege allein das äußere Verhalten der Bürger. Aber, und darin liegt der Unterschied zu Thomasius, Wolffs Gesetzgeber und Wolffs Richter interessiert das äußere Wohlverhalten der Bürger in geradezu grenzenlosem Maße. Aus dem Minimum an Wohlverhalten, das bei Thomasius zumindest auch erzwingbar sein muß um der allgemeinen Wohlfahrt willen[122], wird bei Wolff ein Höchstmaß an Wohlverhalten, das alles umfaßt, was im Verhältnis der Menschen untereinander überhaupt Bedeutung haben kann. Da sich das Glück der einzelnen Bürger im Staate zur allgemeinen Wohlfahrt summiert, ist dem Gesetzgeber auch nichts von dem uninteressant, was die allgemeine Wohlfahrt fördert[123]. Er unterwirft deshalb seiner Gesetzesordnung alles, worauf sich diese Wohlfahrt des Staates gründet, also auch ganz selbstverständlich das — natürlich nur äußere — Glück jedes einzelnen Staatsbürgers. Die völlige Reglementierung des Privatlebens zur Zeit des aufgeklärten Absolutismus hat hier ihre schon seit langem bekannte Wurzel. Aber, und das darf in diesem Zusammenhang nicht übersehen

---

[120] Vgl. *Wolff*, Politik, § 421.
[121] *Wolff*, Politik, § 356.
[122] Vgl. oben S. 82 f.
[123] Vgl. oben S. 85 ff.

werden, dabei handelt es sich im Grunde nur um die letzte Konsequenz aus jener Auffassung des Thomasius, daß erzwingbar sein müsse, was der allgemeinen Wohlfahrt im Staate diene. Umfaßt auch der Anspruch des Staates an seine Bürger nur das äußere Wohlverhalten, so verlangt er es doch sogar dort, wo Tugendlosigkeit ein Ärgernis geben könnte. Statt einer Verknüpfung des Rechts mit der Moral[124] ist es bei Wolff viel eher eine Denaturierung des Rechts durch die Moral, wenn zum Beispiel die „Nothwendigkeit der Religion im gemeinen Wesen"[125] Anlaß ist, die „Versäumniß des öffentlichen Gottesdienstes" zu bestrafen[126].

Eine ungeheure Flut von Gesetzen muß die Folge dieser Haltung sein. Es gibt schlechterdings keinen Bereich des Zusammenlebens im Staate, auf den Gesetzgeber und Richter ihr Augenmerk nicht zu richten hätten. Während sich bei Pufendorf die Verdoppelung der Rechtsordnung durch die Wiederholung des Naturrechts in den Gesetzen des Staates am Horizont abzeichnet[127], wird diese Verdoppelung als minutiöse Einzelregelung in Wolffs Staat Wirklichkeit. Der Weise zwar kommt ohne staatliche Gesetze aus; für ihn ist das Naturrecht schon Grundlage seines Lebens und Maßstab seines Handelns zugleich. Die vielen anderen aber, deren Vernunft nicht ausreicht, das Rechte zu erkennen, brauchen jene klaren und leicht faßlichen, mit offiziellen Kommentaren versehenen Gesetze, an die Wolff höchste Anforderungen stellt[128]. Und weil allein die Strafen es sind, die die Befolgung der Gesetze sichern und damit die „äusserliche

---

[124] So *Sauter,* Grundlagen, das Wolff-Kapitel durchgehend, vor allem S. 180 ff.

[125] *Wolff,* Politik, § 366.

[126] *Wolff,* Politik, § 421. Thomasius selbst hat diesen Anschauungen Wolffs vorgearbeitet, wenn er einerseits zwar lehrt, daß errores intellectus nicht Gegenstand staatlicher Strafgesetze sein können (Historia contentionis, I, 4), andrerseits aber auch die Bestrafung bloßer Gedanken für geboten hält, wo es — zum Beispiel in Hinblick auf Majestätsverbrechen — der „Nutzen der Republic" erfordert, Institutiones, 3, VII, 113. Indem nun Wolff, Thomasius' Vorstellung vom allgemeinen Nutzen der Religion weiterentwickelnd, den Religionsdienst im aufgeklärten Staate mit dem öffentlichen Interesse völlig verknüpft, handelt er nur folgerichtig, wenn er den Atheismus dort nicht dulden will, wo er die allgemeine Ruhe und Ordnung zu stören droht, und wenn er sogar dem Ungläubigen um des allgemeinen Friedens willen zur Heuchelei rät. Damit setzt Wolff den schon in der Dissertation ‚Von der Pflicht eines evangelischen Fürsten' anklingenden Gedanken des Thomasius fort, daß erst irdische Strafgewalt plus Gewissensrüge durch die Religion die vollständige Erfassung jedes Staatsbürgers zum besten Nutzen des Gemeinwesens ermöglichen könne; vgl. dazu *Wolff,* Politik, § 319.

[127] Vgl. oben S. 33.

[128] Vgl. oben S. 95 ff.

Zucht" aufrecht erhalten können, schwebt über dieser ganzen Lehre von den unmißverständlichen Gesetzen, dem Wert des äußeren Wohlverhaltens und der unbedingten Autorität des aufmerksamen Gesetzgebers die Fuchtel des Wolffschen Strafrechts, das in unüberbietbarer Schärfe den Gedanken der Abschreckung in den Vordergrund schiebt und damit in reiner Form Feuerbachs Lehre vorwegnimmt.

Man hat es Wolff lange nicht vergessen, daß er nach des Thomasius kühnen Streitschriften gegen Folter und Hexenwahn den Weg der kriminalpolitischen Aufklärung nicht einfach fortgesetzt, sondern sich wieder zum Anwalt der peinlichen Frage gemacht hat[129]. Die von ihm mit solchem Nachdruck geforderte exemplarische Vollstreckung der Strafen, das Gewicht, das er auf die dabei streng zu beobachtenden Zeremonien legt[130], müssen im Zeitalter der Aufklärung tatsächlich wie ein Anachronismus erscheinen. Zwar kommt auch Wolff genauso wie vor ihm Thomasius zu der Feststellung, daß letztlich Strafen den Menschen nicht bessern können, sondern nur dazu dienen, die äußere Zucht im Staate aufrechtzuerhalten[131], aber diese Feststellung ist für Wolff gänzlich frei von jener Resignation, die bei Thomasius zu beobachten ist[132]. Wolff hat sein Augenmerk nur auf die Zucht im Staate gerichtet, und die ist es ihm wert, den unnachsichtigen Einsatz einer Staatsautorität zu fordern, der noch das ganze Arsenal spätmittelalterlicher Strafen zur Verfügung stand. Darum erscheint uns Thomasius als Vorkämpfer für eine Humanisierung des Strafrechts, während das Urteil über Wolff negativ ist: „Die unerbittlich grausame Ausübung der Strafgewalt ist ein uraltes Erbstück, das er dem Absolutismus, geschweige denn dem aufgeklärten, als keinen Edelstein ins Diadem gesetzt hat. Seine Rechtshoheit ist zwar ein eherner ‚Rocher von Bronse', aber das Metall nicht rein, sondern es birgt in sich eine Schlacke, die der Aufklärung wesensfremd ist und schließlich ausgestoßen werden konnte"[133]. Auch Franks Urteil über die Wolffsche Strafrechtsdoktrin ist im ganzen abwertend und läßt Wolff schließlich als inhumanen Rationalisten erscheinen, der zu den krimi-

---

[129] Wolff hält noch unbeirrt an der Inquisitionsmaxime fest: „... si crimen sufficienter probari nequit, opera danda, ut, qui de eodem suspectus est, in negando tamen perseverat, ad confessionem adigatur, consequenter jus est ad ea media, sine quibus confessio extorqueri nequit ...", Institutiones, §§ 1031 f. Vgl. dazu auch *Frauendienst,* Staatsdenker, S. 153 f.

[130] *Wolff,* Politik, § 355.

[131] *Wolff,* Politik, § 356; vgl. oben S. 103, und zu Thomasius S. 60 f.

[132] Vgl. oben S. 61; um wie vieles optimistischer ist hier noch Bartolus, wenn er glaubt, daß durch Strafen die Menschen zum Guten geführt würden und daß gerade darum die Ausdehnung des Inquisitionsprozesses gerechtfertigt sei, *Oehler,* Erweiterung, S. 498.

[133] *Frauendienst,* Staatsdenker, S. 156.

nalpolitischen Aufklärern des 18. Jahrhunderts nur in sehr eingeschränktem Maße gerechnet werden kann[134]. Es fragt sich aber, ob das Wort von der „unerbittlich grausamen Ausübung der Strafgewalt" der Wolffschen Straftheorie wirklich gerecht wird, und erst eine Untersuchung seiner Strafrechtsdoktrin mag zeigen, ob es allein die Grausamkeit ist, die ihn von seinen Vorgängern unterscheidet[135].

Auch für Wolff ist die Strafe zunächst ein „malum passionis, quod infligitur ob malum actionis", und er präzisiert diese Formel dahin: „... malum passionis nonnisi physicum malum est ... malum actionis denotat hic malum morale"[136]. Dabei betont Wolff ausdrücklich das Merkmal der „Verhängung" als wesentliches Kennzeichen der Strafe: „Malum physicum ab eo, qui alterum obligandi aliquod jus habet, ob malum morale eidem immissum Poena dicitur"[137]. Für das Verhängen der Strafe setzt Wolff aber im Gegensatz zu Thomasius nicht notwendig einen Herrscher voraus[138]. Vielmehr schließt sich Wolff ausdrücklich jener Auffassung an, die das jus puniendi auch „aequalibus in aequales" zugesteht[139]. „Natura igitur homini competit jus puniendi eum, qui ipsum laesit"[140]. Die vor allem von Thomasius konsequent durchgeführte Unterscheidung zwischen natürlichen und positiven Strafen findet sich zwar auch bei Wolff, freilich ohne die bei Thomasius zu beobachtende Verbindung mit den Begriffen „peccatum" auf der einen und „delictum" auf der anderen Seite[141]. Wolff nennt

---

[134] *Frank*, Strafrechtsphilosophie, durchgehend, insbesondere aber in der Zusammenfassung der ganzen Schrift S. 81 ff.

[135] Vgl. oben S. 22 ff. und S. 56 ff.

[136] *Wolff*, Philosophia practica, I, § 285, Note.

[137] So lautet die Definition in der Theologia naturalis, I, § 1077, ebenso Philosophia practica, I, § 285; Wolff unterscheidet drei Arten von „Übeln" (mala): Unter einem „malum metaphysicum" versteht er die der menschlichen Natur und dieser Welt notwendig innewohnende Unvollkommenheit und Begrenztheit, die sich erst ganz erfassen ließe durch einen Vergleich mit der über alle Vorstellung erhabenen Vollkommenheit Gottes selbst, Theologia naturalis, I, § 372, §§ 375 ff.; „mala physica" sind nun jene Umstände, die die Welt und die menschliche Natur in ihrer durch „mala metaphysica" bedingten So-Beschaffenheit unvollkommen machen, zum Beispiel Unwetter und Überschwemmungen, Theologia naturalis, I, § 373. Wolff faßt nun, wie oben gezeigt, die Strafen schlechthin als „mala physica" auf. Das sind bei den von Menschen verhängten Strafen jene Übel, die den Körper oder den Ruf des Delinquenten treffen, Philosophia practica, I, § 286. „Malum morale" schließlich ist bei Wolff jener Defekt, der nur einer freien menschlichen Handlung innewohnen kann und um dessentwillen sie auch schändlich (vitiosa) genannt wird, Theologia naturalis, I, § 374.

[138] Vgl. oben S. 58 ff.

[139] *Wolff*, Philosophia practica, I, § 285, Note.

[140] *Wolff*, Institutiones, § 93.

[141] Vgl. oben S. 56 ff. und S. 100 ff.

ebenfalls das Merkmal „willkürlich" als Kriterium der poena positiva und läßt die „notwendige" Verknüpfung mit der Tat für die poena naturalis entscheidend sein[142]. Aber es ist wohl zu beachten, daß Wolff die poena naturalis zwar als ein Motiv für das Handeln des Menschen betrachtet, das dieselbe Wirksamkeit hat wie die Strafsanktion des irdischen Gesetzgebers, daß er aber gleichwohl die natürlichen Strafen nur als Strafen im uneigentlichen Sinne gelten läßt. Denn ihre notwendige Verknüpfung mit der Tat dient vor allem zur Kennzeichnung dieser Handlung als „intrinseca mala", so daß derjenige, der eine solche Tat der natürlichen Strafe wegen unterläßt, letztlich aus besserer Einsicht so handelt und nicht aus bloßer Furcht vor Strafe[143].

Wenn nun Wolff die Vorstellung von der abschreckenden Wirkung der Strafe und der anspornenden Macht der Belohnung übernimmt[144], so folgt er auch damit bewährten Vorbildern. Es fragt sich nur, wie er diesen Gedanken in seinem System entwickelt. Ausgangspunkt der Straftheorie ist für Wolff die oberste naturrechtliche Pflicht, die das Leben eines jeden Menschen beherrscht, nämlich die Pflicht zur Selbstvervollkommnung[145]. Daraus entspringt für jeden das Recht, eine Behinderung durch andere nicht hinzunehmen und die Erfüllung dieser Pflicht notfalls mit Gewalt durchzusetzen[146]. Der Staat kann aber Privatkriege nicht dulden, und so wird die Strafgewalt dem Herrscher übertragen und zählt zu seinen Majestätsrechten[147]. Dieser hat nun alles zu tun, um jedem Bürger den Zustand völliger Sicherheit zu gewährleisten[148]; also beruht das Recht zu strafen auf dem Naturrecht (Abwehr aller Handlungen, die der Vervollkommnungspflicht widerstreiten), ist Anlaß der Strafe eine Verletzung und Zweck der Strafe die Sicherung vor weiterer Verletzung. Und dieser Strafzweck ist der einzige: „... non alius poenae finis ... quam securitatem tueri"[149]. Zwar unterscheidet Wolff genauso wie seine Vorgänger zwischen bessernder und exemplarischer Strafe[150] und lehnt im übrigen den Vergeltungsgedanken strikt ab[151], aber diese „Besserung" ist ihm nichts anderes als wiederum Abwehr, nämlich Abschreckung des Täters vor weiteren Straftaten, denn an eine echte Besserung durch

---

[142] *Wolff*, Philosophia practica, I, § 307.
[143] *Wolff*, Philosophia practica, I, § 585.
[144] *Wolff*, Philosophia practica, I, §§ 287, 296.
[145] *Wolff*, Philosophia practica, I, § 128.
[146] *Wolff*, Jus naturae, I, § 905; Philosophia practica, I, § 235.
[147] *Wolff*, Institutiones, § 1030; Jus naturae, VIII, § 832, Note.
[148] *Wolff*, Moral, § 833.
[149] *Wolff*, Jus naturae, I, § 1068, Note.
[150] *Wolff*, Grundsätze, § 93; Jus naturae, I, § 1062.
[151] *Wolff*, Grundsätze, § 1049.

Strafen glaubt Wolff ja nicht[152]. Wie sehr Wolff gerade das Exempel am Herzen liegt, zeigt schon sein energisches Eintreten für die Todesstrafe, und er bekennt sich uneingeschränkt zu dem Grundsatz: „Quamvis adeo poena qua emendatrix levior esse posset, ubi tamen exemplaris gravior requiritur, graviori omnino poena affici debet puniendus"[153].

Soweit damit die Abschreckungsidee auftaucht, knüpft sie unmittelbar an Wolffs Vorläufer an. Vor allem Pufendorf findet schon den entscheidenden Ansatz, wenn er sein Augenmerk auf den Vorgang der Willensbildung in der Brust des noch Unschlüssigen richtet[154]. Freilich sieht er den eigentlichen Zweck der Strafe nicht in der Abschreckung, die von ihr ausgeht, sondern vielmehr in ihrer angemessenen Verhängung, so daß es durchaus noch der Gedanke der Vergeltung ist — allerdings durch das jeweils wechselnde Interesse des Staates an der Strafvollstreckung gemildert, aber auch verschärft —, der neben der Abschreckung hervortritt; dieses Staatsinteresse ist es, das Pufendorf nicht nur an die Unschädlichmachung und Vernichtung des Täters denken läßt, sondern auch an seine Besserung, an seine Begnadigung oder gar an völlige Straflosigkeit, wenn ihn der Staat noch braucht[155]. Uneinheitlich und zwischen Vergeltungs- und Abschreckungsgedanken hin- und herschwankend ist die Straftheorie des Thomasius, der bei der Verhängung der Strafe im Einzelfall das Staatsinteresse schließlich so stark in den Vordergrund schiebt, daß kein Verbrecher mehr mit Sicherheit weiß, ob er überhaupt bestraft wird oder wie hoch seine Strafe ausfällt[156]. Bei Wolff aber herrscht der Gedanke der Abschreckung mit Ausschließlichkeit; seine Straftheorie kennt keine Vergeltung, keine Besserung, keine Rücksicht auf wechselnde Staatsinteressen, Abschreckung allein und damit die Sicherung der Allgemeinheit ist ihm der Zweck jeder Strafe[157].

So sehr aber Wolffs Theorie um diesen Gedanken kreist, die Wurzeln für die Bedingungslosigkeit, mit der er ihn vertritt, liegen tiefer: sie folgen nämlich notwendig aus seiner Lehre vom zureichenden Grunde: „Nihil est sine ratione sufficiente, cur potius sit, quam non sit, hoc est, si aliquid esse ponitur, ponendum etiam est aliquid, unde intelligitur, cur idem potius sit, quam non sit"[158]. In der Psychologia empirica im Kapitel „De voluntate et noluntate" entwickelt Wolff

---

[152] Vgl. oben S. 103 ff.

[153] *Wolff*, Jus naturae, I, § 1068; vgl. dazu auch *Frank*, Strafrechtsphilosophie, S. 19, Anm. 13.

[154] Vgl. oben S. 22 f.

[155] Vgl. oben S. 22 ff. und insbesondere die Nachweise auf S. 25 f.

[156] Vgl. oben S. 59 f.

[157] Vgl. oben S. 107.

[158] *Wolff*, Ontologia, § 70.

nach diesem Grundsatz die Lehre von den Motiven für das Wollen und das Nichtwollen; es ist der alte Gedanke, daß als Antriebsmoment des Willens die mehr oder weniger deutliche Vorstellung[159] von einem erstrebenswerten Gut oder einem drohenden Übel wirkt: „Enimvero repraesentatio mali est motivum nolitionis"[160]. Das heißt: „Poenae sunt motiva actionum commitendarum vel omittendarum"[161]. Die frühen Gedanken Pufendorfs zum psychologischen Zwang der Strafandrohung werden hier in ein System gebracht, das das Handeln des Menschen ganz mechanistisch sieht und in der Furcht vor Strafe einen „zureichenden Grund", nämlich einen mit Notwendigkeit wirkenden Impuls für das Handeln und das Unterlassen findet und allein an dieser einen Funktion der Strafe ihren Zweck orientiert. Von diesem Standpunkt aus ist die von Wolff so sehr in den Vordergrund geschobene exemplarische Vollstreckung der Strafe nur ein Teil jener Wirkung, die schon von der Strafandrohung im Gesetz ausgeht. Wolff selbst sagt es, wenn er davon spricht, daß die Strafe auch nur den von der Übertretung des Gesetzes abhalten könne, dem das Gesetz bekannt sei und der etwas von der Strafe wisse[162]. Ist ihm außerdem noch, so wie Wolff es fordert, die Vollstreckung der Strafe gewiß, und zwar unnachsichtig so, wie es das Gesetz befiehlt, so wird die abstrakte Drohung im Gesetz durch das eindrucksvolle Bild der Strafvollstreckung vor dem inneren Auge des potentiellen Täters gleichsam konkretisiert und erst damit zur vollen Wirkung gebracht. Kennzeichnend ist es, daß Wolff — ganz im Gegensatz zu Pufendorf[163] — Fragen der Strafzumessung erheblich geringeres Gewicht beimißt als den Zeremonien, die die Vollstreckung der Strafe zum wirklichen Schauspiel werden lassen sollen.

Ist es auch dieser Grundsatz der unerbittlichen Bestrafung in seiner ganzen Starrheit und ohne jede Milderungsmöglichkeit, der Wolff das Attribut „grausam" eingetragen hat, so ist dabei doch nicht zu verkennen, daß gerade diese Unerbittlichkeit nicht der Vergeltung dient, sondern im Dienste der Abschreckung steht und Wolff damit schon als reinen Vertreter der Theorie vom psychologischen Zwang ausweist[164]. Aufschlußreich ist hierbei, daß Wolff zugleich auch noch eine der wichtigsten Folgerungen jener Theorie durchdenkt, nämlich die Frage

---

[159] *Wolff*, Metaphysik, §§ 502, 506.

[160] *Wolff*, Psychologia empirica, § 890; vgl. dazu auch Metaphysik, §§ 492 ff., §§ 508, 512.

[161] *Wolff*, Philosophia practica, I, § 287. Wolff definiert die Verbindlichkeit ganz allgemein als „die Verbindung eines Bewegungsgrundes mit einer Handlung", Grundsätze, § 35.

[162] Vgl. oben S. 97 f.

[163] Vgl. oben S. 25 f.

[164] *Wolff*, Jus naturae, VIII, §§ 656 ff.: „De poenis rigorose exigendis" und Politik, §§ 343, 345, 347.

der Strafbarkeit ante legem poenalem; er hält sie für möglich, allerdings nur in der Form milderer Bestrafung[165], wobei Wolff aber durchaus der Gedanke vertraut ist, daß die „lex fundamentalis" im Staate die Bestrafung ante legem poenalem schlechthin verbieten könne[166].

War bisher die Forderung nach klaren Gesetzen ein wesentlicher Teil in der Unterweisung des Gesetzgebers durch die Kunst rechter Gesetzgebung, und sollte diese Lehre von der Gesetzgebungskunst auch tatsächlich die Befolgung der Gesetze sichern[167], so wird jetzt die Forderung nach Klarheit und Volkstümlichkeit des Gesetzestextes, nach hinreichender Bekanntmachung, die jede Berufung auf Unkenntnis ausschließt, unmittelbar aus einer Straftheorie heraus erhoben, die ausschließlich auf Abschreckung ausgerichtet ist[168]. So ist es gewiß kein Zufall, daß Wolff bei der — von Engelhard in systematische Ordnung gebrachten — Behandlung der einzelnen Delikte ganz selbstverständlich eine genaue Beschreibung des Tatbestandes in den Vordergrund stellt. Als Beispiel sei hierbei auf den Diebstahl verwiesen, den Wolff folgendermaßen definiert: „Ein boßhaftes Wegnehmen einer Sache, die einem andern zugehöret, wieder sein Wissen und Willen, mit dem Vorsatze, sich dieselbe zuzueignen, wird ein Diebstahl (furtum) genannt. Nimmet man einem das Seine auf öffentlicher Strasse mit Gewalt, so heist es ein Raub (rapina). Wer einen Diebstahl begehet, wird ein Dieb; wer einen Raub begehet, ein Räuber (praedo) genannt. Es ist aber ein offenbahrer Diebstahl (furtum manifestum), wenn der Dieb selbst bey dem Stehlen ertappt wird, da er die gestohlenen Sachen noch nicht anders wohin gebracht hat: hingegen kein offenbahrer Diebstahl, oder ein heimlicher (furtum nec manifestum) im entgegengesetzten Falle. Wenn jemand wieder Wissen und Willen des Eigenthumsherrn, nach seinem eigenen Gefallen, sich des Gebrauchs einer Sache anmasset, als wenn sie seine wäre, so nennet man es einen Diebstahl des Gebrauchs (furtum usus). Wenn jemand einen wieder seinen Willen um den Besitz seiner unbeweglichen Sache bringet, als, wenn er dem Gläubiger das Unterpfand nimmet; so nennt man es einen Diebstahl des Besitzes (furtum possessionis). Eine Invasion (invasio) aber wird genannt, da einer, der kein Recht zum Besitz hat, einen andern mit Gewalt aus dem Besitze seiner unbeweglichen Sache wirft. Wer dieses thut, wird in Rechten Invasor genannt"[169].

---

[165] *Wolff*, Jus naturae, VIII, § 663.

[166] *Wolff*, Jus naturae, VIII, § 664, Note.

[167] Vgl. oben S. 20 f. und S. 24 ff.

[168] Vgl. oben S. 97 ff. und S. 108 ff.

[169] *Wolff*, Grundsätze, § 263; vgl. ferner zum Diebstahl § 266, zum Betrug § 286 und § 356; es lohnt sich auch, Wolffs Erörterung der Sittlichkeitsdelikte heranzuziehen, § 854.

Auffallend ist hier die klare und auf Vollständigkeit bedachte Aufzählung der verschiedenen Eigentumsverletzungen und ihre Abgrenzung voneinander. Zugleich ist Wolff bestrebt, abstrakt das Wesen des Diebstahls, des Raubes, der Gebrauchsanmaßung zu erfassen und es dabei auf eine Formel zu komprimieren. Das ist bereits der ‚Tatbestand' des Strafgesetzes; und diese abstrakte Formel tritt mit dem Anspruch auf, die Allgemeinverbindlichkeit des natürlichen Rechts zu besitzen, sie will also die Subsumtion aller nur denkbaren Fälle gestatten.

Ein nicht minder gutes Beispiel ist die Körperverletzung. Bei der Frage nämlich, wonach die Schwere eines Verbrechens zu beurteilen sei, entwickelt Wolff die Antwort: nach dem Schaden, den die Tat anrichtet, und nach der Gefahr, die dadurch heraufbeschworen wird[170], am Fall der Körperverletzung: „Vulneratio delictum est. Sed non omne vulnus, quod infligitur alteri, aeque nocet ac periculosum est. Sane vulnus, quo sanato, membrum aliquod corporis fit ineptum ad functiones suas obeundum ac per consequens inutile, magis nocet, quam aliud, quo sanato, membrum, cui vulnus inflictum fuerat, ad functiones suas aptum est, quemadmodum fuerat ante. Similiter si aggressor instrumento mortifero impetit corpus alicujus, et eum vulneret; periculum, quod vulnerato imminebat, majus est, quam si baculo eum percussisset et vulnus quoddam manui inflixisset". Im Vergleich dazu ist zum Beispiel bei Quistorp die Behandlung der Körperverletzung als „thätliche Injurie" sehr viel oberflächlicher und für eine genaue Begriffsbestimmung geradezu ungeeignet. Quistorp verweist in seinem Lehrbuch lediglich auf die gemeinrechtliche Praxis, nach der unterschiedlichen Art der Wunden die Körperverletzung einzuteilen; im übrigen beschäftigen ihn mehr die Fragen der Strafzumessung und des Schadensersatzes[171].

Die Methode des definierfreudigen Wolff leistet also schließlich die entscheidende Vorarbeit für die künftigen Kodifikationen des Strafrechts. Diese Definitionen erscheinen jetzt im Rahmen eines in sich geschlossenen naturrechtlichen Systems, das beansprucht, allgemeingültig und vernünftig zu sein und damit tauglich als Grundlage gesetzgeberischer Arbeit. Für die selbstbewußte Haltung dieser Lehre gibt es kein besseres Beispiel als Engelhards ‚Versuch eines allgemeinen peinlichen Rechtes'. Mit seiner systematischen Darstellung der einzelnen Delikte ist es ein regelrechtes Handbuch, das sich auf weiten Strecken nicht anders liest als der mit Erläuterungen versehene Entwurf eines neuen Strafgesetzbuchs.

Es wird somit deutlich, daß Wolff in seiner Straftheorie die Lehre vom psychologischen Zwang schon in recht klarer Form entwickelt

[170] *Wolff*, Jus naturae, VIII, § 625.

[171] *Quistorp*, Grundsätze, 1. Teil, S. 663 ff.

und deshalb trotz seines grausamen Strafensystems dem frühen 19. Jahrhundert um einiges näher steht als seine Vorgänger. Die Konsequenzen seiner Anschauung schlagen sich unverkennbar schon in jenen Forderungen nieder, denen Feuerbach schließlich zum Durchbruch verholfen hat. Die klare, unmißverständliche Formulierung des Gesetzes ist für Wolff ein selbstverständlicher Bestandteil seiner Strafrechtsdoktrin. Zugleich entwickelt er die für die ganze Naturrechtsbewegung so wichtige Lehre von der Kunst rechter Gesetzgebung zur detaillierten Anweisung an den Gesetzgeber weiter. Nur ein klares Gesetz kann jetzt den Anspruch erheben, ein gutes Gesetz zu sein, und mit der kasuistischen Ausgestaltung der Gesetze nimmt die Bindung des Richters an den im Gesetz ausgedrückten Willen des Fürsten zu. Die Vorstellung von der ‚Gesetzlichkeit', von der Positivität des Strafrechts findet hier entschiedenen Ausdruck; indem die Vollständigkeit des natürlichen Rechts zum Vorbild wird für die Kodifikationen des aufgeklärten Absolutismus, wird dem Gesetzgeber mehr und mehr der Gedanke vertraut, daß sein Werk an der Lückenlosigkeit des Naturrechts teil habe und deshalb auch nur ihm allein die Auslegung des Gesetzes vorbehalten sei.

ERGEBNIS

Als Ergebnis der vorliegenden Arbeit zeigt sich, daß die dogmatischen Voraussetzungen für ein auf Tatbestandsdefinitionen aufgebautes Strafrecht in der ersten Hälfte des 18. Jahrhunderts geschaffen waren. Alle Elemente des Satzes „nullum crimen, nulla poena sine lege" sind damals in der deutschen Naturrechtslehre entwickelt worden. Die außerhalb dieses Satzes liegende, seine Wertschätzung aber bis heute bestimmende ‚Garantiefunktion' der gesetzlichen Straftatbestände hat freilich bei diesem Vorgang keine Rolle gespielt, und damit bestätigt sich nur der nicht-revolutionäre Charakter der deutschen Naturrechtsdoktrin erneut. Als mächtiger Impuls hat dagegen ein anderer Faktor gewirkt, nämlich der hochentwickelte Gesetzesbegriff, der von den Anfängen des säkularisierten Naturrechts bei Pufendorf an das System der deutschen — protestantischen — Naturrechtslehre beherrscht hat. So versteht schon Pufendorf das Gesetz des irdischen Herrschers als Befehl, der letztlich nur der einen Aufgabe diene, die Durchsetzung der staatlichen Autorität zu sichern. Allein deshalb schon sind Pufendorfs Anforderungen an die lex humana positiva außerordentlich hoch und verlangen neben der — selbstverständlichen — Schriftlichkeit jedes Gesetzes ein so hohes Maß an einprägsamer Verständlichkeit des Gesetzestextes, daß Forderungen Friedrichs des Großen vorweggenommen zu sein scheinen. Steht auch das ungeschriebene natürliche Recht überall hinter den staatlichen Gesetzen und gilt auch für Pufendorf der Grundsatz, daß dieses natürliche Recht selbst Lücken des Strafrechts auszufüllen hat, so zeigt eine nähere Untersuchung der Pufendorfschen Texte, daß die wirkliche Rolle dieses scheinbar alles umfassenden Naturrechts — soweit es um seine unmittelbare Geltung im Staate geht — durchaus gering ist. Seine Durchsetzbarkeit bleibt vom ausdrücklichen Befehl des Gesetzgebers abhängig, so daß die Funktion des Naturrechts letztlich darin besteht, eine dauernde und eindringliche Mahnung an den Gesetzgeber selbst zu sein, vernünftige, das heißt, am Naturrecht orientierte Gesetze zu erlassen. Mit Nachdruck betont Pufendorf, daß es gerade die Erzwingbarkeit sei, die die Sätze des positiven Rechts vom Naturrecht unterscheide. Damit wird die eigentliche Aufgabe des irdischen Gesetzgebers, die Kunst rechter Gesetzgebung, zu einem Hauptanliegen nicht nur Pufendorfs, sondern der ganzen ihm folgenden Naturrechtslehre überhaupt. Da sich aber die naturrechtliche

Lehre von der Gesetzgebungskunst nur mit dem Wohlverhalten der Bürger hier auf Erden befaßt und für erzwingbar hält, was sich um dieses Zieles willen als notwendig erweist, wird mit dem Blick auf die Durchsetzbarkeit des positiven Rechts der Anspruch allen staatlichen Gesetzesrechts auf das äußere Wohlverhalten der Bürger beschränkt; nicht auf die Gesinnung, sondern allein auf die nach außen wirksame Haltung richtet der Gesetzgeber nunmehr sein Augenmerk. Die bei Thomasius mit Entschiedenheit vollzogene Trennung zwischen Sünde und Verbrechen hat hier ihre Wurzeln und führt dazu, daß der Verstoß gegen das staatliche Gesetz als etwas gänzlich anderes erscheint als die Verletzung göttlicher Rechtsnormen. Die Konsequenz aus dieser Erkenntnis ist schließlich die Freiheit des Gesetzgebers, darüber zu entscheiden, was als strafbares Unrecht gelten soll und was straflos bleibt. Der Begriff der ‚Pönalisierung' ist damit gewonnen und damit zugleich der weiteste Punkt, bis zu welchem die Positivierung des Strafrechts bis heute fortgeschritten ist. Scheinbar zurückgenommen ist diese Position durch Wolff, der zwischen peccatum und delictum nicht unterscheiden mag, da ihm göttliche und irdische Strafgewalt nur Ausdruck ein und desselben Ordnungsgedankens sind. Aber indem er der staatlichen Reglementierung das Leben der Bürger so vollständig unterwirft, daß schlechthin nichts mehr ungeregelt bleibt, was auch nur entfernt das Zusammenleben der Bürger betrifft, führt er des Thomasius Gedanken von der Positivität aller staatlichen Gesetzesordnung bis zur letzten Konsequenz weiter: Erzwingbar muß sein, was dem Interesse der allgemeinen Wohlfahrt dient. Aus diesem Grunde kennt Wolffs Staat nur solche Gesetze, die mit der höchsten Weisheit des absolutistisch regierenden Fürsten verfaßt sind und ein getreues Spiegelbild der idealen und vor allem lückenlosen naturrechtlichen Ordnung darstellen. Zugleich räumt diese allein auf das Diesseits zugeschnittene Naturrechtslehre der irdischen Strafgewalt eine zentrale Bedeutung ein. Es geht dabei zwar nur um die äußere Zucht, also nur um das erzwingbare Wohlverhalten, aber gerade damit verliert die Strafe jede über diesen Zweck hinausgehende Rechtfertigung und wird zum Kennzeichen der besonderen, allein von der Autorität des irdischen Gesetzgebers abgeleiteten Verpflichtungskraft staatlicher Gesetze. Folgerichtig dringt damit jene Straftheorie vor, die in der abschreckenden Wirkung der angedrohten Strafe die wesentliche und schließlich die einzige Funktion der Strafe findet. Für eine Freiheit des Richters gegenüber dem Gesetz, für Analogie und Gewohnheitsrecht bleibt jetzt kein Raum, und die genaue Beschreibung des strafwürdigen Verhaltens wird nun nicht allein in der Lehre von der Gesetzgebungskunst gefordert, sondern unmittelbar aus der Straftheorie heraus begründet. War es auch nicht das Anliegen der deutschen Naturrechtslehre, den Bürger vor richterlicher Willkür, vor unklaren und auslegungsbedürftigen Gesetzen zu schützen, so ist das schließlich doch die Folge jener neuen Anschauung gewesen, die zu immer feineren Unterscheidungen in der Lehre von den Gesetzen vorgedrungen ist. Es hat in der deutschen Rechtsgeschichte keine Zeit gegeben, in der Recht und Gesetz, Gesetzesanwendung und Zweck der Strafe so sehr zum Gegenstand wissenschaftlicher Untersuchung geworden wären wie in den knapp hundert Jahren, die durch das Wirken der Pufendorfschen Gedanken gekennzeichnet sind. Mag das Urteil über die echte Denkleistung dieser Epoche schwankend und — wohl mit Recht — überwiegend negativ sein, die praktischen Ergebnisse dieser Zeit wirken fort bis zum heutigen Tag.

QUELLEN- UND LITERATURVERZEICHNIS

Altmann, Wilhelm (Hg.): Ausgewählte Urkunden zur ausserdeutschen Verfassungsgeschichte seit 1776. Zum Handgebrauch für Historiker und Juristen. Berlin 1897.

Barbeyrac, Jean: s. *Pufendorf*.

Battaglia, Felice: Christiano Thomasio filosofo e giurista, Rom 1936.

Binding, Karl: Handbuch des Strafrechts. 1. Leipzig 1885.

Bohne, Gotthold: Die Magna Charta von 1215 und das strafgesetzliche Analogieverbot. In: Festschrift für Heinrich Lehmann zum sechzigsten Geburtstag. Hg.: Kölner rechtswissenschaftliche Fakultät. Berlin 1937. S. 71 ff.

Boldt, Gottfried: Johann Samuel Friedrich von Böhmer und die gemeinrechtliche Strafrechtswissenschaft. Berlin und Leipzig 1936.

Brüggemann, Fritz: Aus der Frühzeit der deutschen Aufklärung. Christian Thomasius und Christian Weise. Weimar, Wien und Leipzig 1928.

Coke, Edward: The Institutes of the Laws of England. 3 Teile. 1. Teil, 5. Aufl. London 1656. 2. Teil, London 1642. 3. Teil, London 1648.

Commager, Henry Steele (Hg.): Documents of American History. 7. Aufl. New York 1963.

Conrad, Hermann: Deutsche Rechtsgeschichte. 1. Bd. Frühzeit und Mittelalter. 1. Aufl. Karlsruhe 1954. 2. Aufl. Karlsruhe 1962.

— Zu den geistigen Grundlagen der Strafrechtsreform Josephs II. (1780 bis 1788). In: Festschrift für Hellmuth von Weber. Bonn 1963. S. 56 ff.

Corpus Juris Fridericianum: 1. Buch. Von der Prozeß-Ordnung. Berlin 1781.

Derathé, Robert: Jean-Jacques Rousseau et la science politique de son temps. Paris 1950.

Dries, Karl-Heinz: Die Rechtslehre des Thomasius unter besonderer Berücksichtigung der Veränderungen seines Rechtsbegriffs. Juristische Dissertation. Köln 1963.

Elvers, Kurt: Die Bedeutung des Satzes „nulla poena sine lege" in seiner historischen Entwicklung. Juristische Dissertation. Göttingen 1910.

Engau, Johann Rudolph: Elementa juris criminalis Germanico-Carolini ex genuinis fontibus deducta variis observationibus et formulis illustrata atque commoda auditorum methodo adornata. Jena 1783.

Engelhard, Regner: Versuch eines allgemeinen peinlichen Rechtes aus den Grundsätzen der Weltweisheit, und besonderst des Rechtes der Natur hergeleitet. Frankfurt und Leipzig 1756.

Feuerbach, Paul Johann Anselm von: Lehrbuch des gemeinen in Deutschland geltenden Peinlichen Rechts. Gießen 1801.

Fischl, Otto: Der Einfluß der Aufklärungsphilosophie auf die Entwicklung des Strafrechts in Doktrin, Politik und Gesetzgebung und Vergleichung der damaligen Bewegung mit den heutigen Reformversuchen. Breslau 1913. (Strafrechtliche Abhandlungen. 169.)

Fleischmann, Max (Hg.): Christian Thomasius. Leben und Lebenswerk. Halle 1931. (Beiträge zur Geschichte der Universität Halle-Wittenberg. 2.)

Frank, Reinhard: Die Wolff'sche Strafrechtsphilosophie und ihr Verhältnis zur criminalpolitischen Aufklärung im XVIII. Jahrhundert. Göttingen 1887.

Frauendienst, Werner: Christian Wolff als Staatsdenker. Berlin 1927. (Historische Studien. 171.)

Friedrich II., König von Preußen: s. *Oeuvres* und *Volz*.

Gaertner, Carl Wilhelm: Institutiones juris criminalis, ... quibus articuli ordinationis criminalis Caroli Imp. V. ordine systematico dispositi exhibentur, et juncto ubique jure Saxonico explicantur, in usum auditorii conscripsit. Leipzig 1729.

Geiger, Theodor: Vorstudien zu einer Soziologie des Rechts. Neuwied und Berlin 1964. (Soziologische Texte. 20.)

Gobler, Justin (Hg.): Keyserlicher und des H. Reichs Rechten, die Vier Bücher der Instituten und Underweisung Keysers Justiniani ... Auffs new verteutscht und außgelegt ... Frankfurt (1551).

Grotius, Hugo: De Jure Belli ac Pacis Libri Tres, in quibus Jus Naturae et Gentium, item Juris Publici praecipua explicantur. Editio nova. Amsterdam 1646. (The Classics of International Law. 3. 1. Washington 1913.) Zitiert: Jus belli ac pacis.

— De Jure Belli ac Pacis Libri Tres. Drei Bücher vom Recht des Krieges und des Friedens. Paris 1625. Nebst einer Vorrede von Christian Thomasius zur ersten deutschen Ausgabe des Grotius vom Jahre 1707. Neuer deutscher Text und Einleitung von Walter Schätzel. Tübingen 1950.

Günther, Ludwig: Die Strafrechtsreform im Aufklärungszeitalter. In: Archiv für Kriminal-Anthropologie und Kriminalistik. 28 (1907). S. 112 ff. und S. 225 ff.

Guggenheim, Paul: Ermer de Vattel und das Völkerrecht. In: Die Klassiker des Völkerrechts in modernen deutschen Übersetzungen. 3. Tübingen 1959. S. XIII ff.

Hazard, Paul: Die Krise des europäischen Geistes. (La Crise de la Conscience Européenne 1680—1715). Aus dem Französischen übertragen von Harriet Wegener. Hamburg 1939.

Hegler, August: Die praktische Thätigkeit der Juristenfakultäten des 17. und 18. Jahrhunderts in ihrem Einfluß auf die Entwicklung des deutschen Strafrechts von Carpzov ab. Tübingen 1899.

Hennings, Herbert: Die Entstehungsgeschichte des Satzes nulla poena sine lege. Juristische Dissertation. Göttingen 1933.

Henrici, Andreas: Die Begründung des Strafrechts in der neueren deutschen Rechtsphilosophie. Aarau 1961. (Zürcher Beiträge zur Rechtswissenschaft. Neue Folge. 225.)

Hippel, Robert von: Deutsches Strafrecht. 1. Allgemeine Grundlagen. Berlin 1925.

Hobbes, Thomas: Elementa Philosophica de Cive. Amsterdam 1647.

Hombergk zu Vach, Johann Friedrich: Dubia juris naturae. Douai 1719.

Hommel, Karl Ferdinand: Pro summo jure contra aequitatis defensores. 1751. (Abgedruckt in den Opuscula mit dem Zusatz „Paradoxon" hinter „defensores".)

— Principis cura leges. Leipzig 1765.

— Opuscula juris universi et imprimis elegantioris selecta ... Collegit, notulis auctoris ipsius auxit et curavit editionem C. G. Roessig. Bayreuth 1785.

Jellinek, Georg: Die Erklärung der Menschen- und Bürgerrechte. 4. Aufl. 1927. In: *Schnur*, Roman (Hg.): Zur Geschichte der Erklärung der Menschenrechte. Darmstadt 1964. S. 1 ff.

Jimenez de Asua, Luis: Nullum crimen, nulla poena sine lege. In: Zeitschrift für die gesamte Strafrechtswissenschaft. 63 (1951). S. 166 ff.

Kaltenborn, Carl von: Die Vorläufer des Hugo Grotius auf dem Gebiete des Jus naturae et gentium sowie der Politik im Reformationszeitalter. Leipzig 1848.

Klein, Ernst Ferdinand: Grundsätze des gemeinen Deutschen peinlichen Rechts. Halle 1796.

Larenz, Karl: Sittlichkeit und Recht. Untersuchungen zur Geschichte des deutschen Rechtsdenkens und zur Sittenlehre. In: Reich und Recht in der deutschen Philosophie. 1. Stuttgart und Berlin 1943. S. 169 ff.

Lieberwirth, Rolf: Christian Thomasius. Sein wissenschaftliches Lebenswerk. Eine Bibliographie. Weimar 1955. (Thomasiana. 2.)

Marchet, Gustav: Studien über die Entwickelung der Verwaltungslehre in Deutschland von der zweiten Hälfte des 17. bis zum Ende des 18. Jahrhunderts. München und Leipzig 1885.

Maurach, Reinhart: Deutsches Strafrecht. Allgemeiner Teil. 3. Aufl. Karlsruhe 1965.

Mezger, Edmund: Strafrecht. 1. Allgemeiner Teil. Ein Studienbuch. 8. Aufl. München und Berlin 1958.

Munniks, Johannes: De consuetudine. Juristische Dissertation. 1711. (Respondent: Jacob Tedingh van Berckhout.)

Müller, Curt (Hg.): Hals oder Peinliche Gerichtsordnung Kaiser Karl V. und des H. Röm. Reichs nach der Originalausgabe vom Jahre 1533. Leipzig 1892.

Nagler, Johann: Die Strafe. Eine juristisch-empirische Untersuchung. 1. Leipzig 1918.

Oehler, Dietrich: Wurzel, Wandel und Wert der strafrechtlichen Legalordnung. Berlin 1950. (Münsterische Beiträge zur Rechts- und Staatswissenschaft. 1.) Zitiert: Legalordnung.

— Das objektive Zweckmoment in der rechtswidrigen Handlung. Berlin 1959. (Berliner Juristische Abhandlungen. 1.)

— Die Erweiterung der Strafgewalt im oberitalienischen Recht der zweiten Hälfte des Mittelalters. In: Aktuelle Fragen aus modernem Recht und Rechtsgeschichte. Gedächtnisschrift für Rudolf Schmidt. Berlin 1966. S. 493 ff.

Oeuvres de Frédéric le Grand: 30 Bde. Berlin 1846—1856.

Opel, Julius Otto (Hg.): Christian Thomas. Kleine deutsche Schriften. Halle 1894.

Poore, Ben. Perley (Hg.): The Federal and State Constitutions, colonial charters, and other organic laws of the United States. 2 Bde. Washington 1877.

Pufendorf, Samuel von: Elementorum jurisprudentiae universalis libri duo. Editio emendatissima. Cambridge 1672. (The Classics of International Law. 15. Oxford und London 1931.) Zitiert: Elementa.

— De officio hominis et civis juxta legem naturalem libri duo. Cambridge 1682. (The Classics of International Law. 10. New York 1927).

— Eris scandica, qua adversus libros de jure naturali et gentium objecta diluuntur. Frankfurt 1686. Enthält u. a.: Specimen Controversiarum circa Jus Naturale ipsi nuper motarum. Neuauflage der Eris scandica 1743. Sie ist aufgenommen in die von Gottfried Mascovius besorgte Ausgabe des Pufendorfschen Jus naturae et gentium, die 1744 in Frankfurt und Leipzig erschienen ist.

— Specimen Controversiarum s. Eris scandica.

— De jure naturae et gentium libri octo. Editio ultima. Amsterdam 1688. (The Classics of International Law. 17. Oxford und London 1934.) Zitiert: Jus naturae.

— De habitu religionis christianae ad vitam civilem. Liber singularis. 3. Aufl. Bremen 1697.

— Le Droit de la Nature et des Gens, ou Systeme general des Principes les plus importans de la Morale, de la Jurisprudence, et de la Politique. Traduit du Latin . . . par Jean Barbeyrac. 2. Aufl. Amsterdam 1712.

— (Severinus de Monzambano): De statu imperii Germanici. Nach dem ersten Druck mit Berücksichtigung der Ausgabe letzter Hand herausgegeben von Fritz Salomon. Weimar 1910. (Quellen und Studien zur Verfassungsgeschichte des Deutschen Reiches in Mittelalter und Neuzeit. 3. 4.)

Quistorp, Johann Christian: Grundsätze des deutschen Peinlichen Rechts. 2 Teile. Rostock und Leipzig 1783.

Riess, Ludwig: Die „Legende“ von der Magna Charta. In: Preußische Jahrbücher. 141 (1910). S. 223 ff.

Sauter, Johann: Die philosophischen Grundlagen des Naturrechts. Wien 1932.

Schätzel, Walter: Einleitung zu Hugo Grotius, De Jure Belli ac Pacis Libri Tres. Tübingen 1950. (Die Klassiker des Völkerrechts in modernen deutschen Übersetzungen. 1.)

Schmidt, Eberhard: Einführung in die Geschichte der deutschen Strafrechtspflege. 2. Aufl. Göttingen 1951. 3. Aufl. Göttingen 1965.

Schnur, Roman (Hg.): Zur Geschichte der Erklärung der Menschenrechte. Darmstadt 1964.

Schottlaender, Adolf: Die geschichtliche Entwicklung des Satzes Nulla poena sine lege. Juristische Dissertation (Heidelberg). Breslau 1911. (Strafrechtliche Abhandlungen. 132.)

Schubart-Fikentscher, Gertrud: Unbekannter Thomasius. Weimar 1954. (Thomasiana. 1.)

Simons, Walter: Einleitung zu Samuel Pufendorf, De jure naturae et gentium libri octo. Oxford und London 1934. (The Classics of International Law. 17.)

Stephen, James Fitzjames: A History of the Criminal Law of England. 3 Bde. 1. London 1883.

Stoll, Gottlieb (Hg.): Christiani Thomasii lectiones de prudentia legislatoria, cum praefatione Gottlieb Stollii. Frankfurt und Leipzig 1743.

Stooss, Carl: Lehrbuch des Österreichischen Strafrechts. 1. Allgemeiner Teil. 2. Aufl. Wien und Leipzig 1912.

Struvius, Georg Adam: Observationes criminales de delictis, jam noviter revisae ... Frankfurt und Leipzig 1712.

Thieme, Hans: Zu ‚Felice Battaglia, Christiano Thomasio filosofo e giurista'. In: Zeitschrift der Savigny-Stiftung für Rechtsgeschichte. Germ. Abteilung. 57 (1937). S. 692 ff.

— Die Zeit des späten Naturrechts. In: Zeitschrift der Savigny-Stiftung für Rechtsgeschichte. Germ. Abteilung. 56 (1936). S. 202 ff.

Thomasius, Christian: De Crimine Bigamiae. Leipzig 1685. Weitere Drucke: Leipzig 1714, 1715; Halle und Leipzig 1721, 1733; Halle 1739, 1749.

— Discours, welcher Gestalt man denen Frantzosen in gemeinem Leben und Wandel nachahmen solle? Leipzig 1687.

— Institutiones jurisprudentiae divinae, in Positiones succincte contracte, in quibus Hypotheses Illustris Pufendorffii circa doctrinam Juris Naturalis Apodictice demonstrantur et corroborantur ... Frankfurt und Leipzig 1688.
In der 7. Auflage lautet der Titel: Institutiones Jurisprudentiae Divinae libri tres ... Halle 1730. Diese Auflage liegt einem unter dem Titel ‚Institutiones jurisprudentiae divinae' erschienenen Neudruck zugrunde. Aalen 1963.
Eine deutsche Übersetzung von Johann Gottfried Zeidler ist später unter dem Titel erschienen: Drey Bücher der Göttlichen Rechtsgelahrheit ... Halle 1709.

— Introductio in Philosophiam aulicam, seu lineae primae libri de prudentia cogitandi et ratiocinandi ... Leipzig 1688.
Deutsch unter dem Titel: Einleitung zur Hoff-Philosophie, oder kurtzer Entwurff und die ersten Linien von der Klugheit zu bedencken und vernünfftig zu scheinen ... 2. Aufl. Frankfurt und Leipzig 1712.

— Discours, von denen Mängeln der Aristotelischen Ethic, und von andern das Jus publicum betreffenden Sachen ... Leipzig 1688. (Kleine Teutsche Schrifften. 2. Halle 1701.)

— (Einleitung zur Sittenlehre =) Von der Kunst Vernünftig und Tugendhaft zu lieben, als dem eintzigen Mittel zu einem glückseligem, galanten und vergnügten Leben zugelangen; Oder Einleitung der Sitten-Lehre ... Halle 1692. 4. Aufl. Halle 1706.
Lateinisch unter dem Titel: Introductio in Philosophiam moralem, sive de arte rationaliter et virtuose amandi ... Halle 1706.

— An Haeresis sit crimen? Dissertation, Halle 1697. Druck: Halle 1727.

— Versuch vom Wesen des Geistes, oder Grund-Lehren, so wohl zur natürlichen Wissenschafft, als der Sitten-Lehre. Halle 1699.

— Ausübung der Vernunfft-Lehre ... 2. Aufl. Halle 1699.
Lateinisch unter dem Titel: Praxis logices, seu breviora perspicua ac bene fundata compendia. Frankfurt und Leipzig 1694.

— De jure Consuetudinis et Observantiae. Dissertation, Halle 1699. Drucke nachgewiesen: 1712, 1722, 1740. 5. Aufl. 1731.

— De Pseudo-Privilegio pupilli, conventi contraria actione Negotiorum gestorum ad l. 37 pr. D. de negot. gest. Dissertation, Halle 1699. Drucke: 1723, 1741.

— Observationes selectae ad rem litterariam spectantes. 1. Frankfurt und Leipzig 1707; 2. Halle 1700; 3. Halle 1701; 6. Halle 1702.

— Allerhand bißher publicirte Kleine Teutsche Schrifften. Mit Fleiß colligiret und zusammen getragen; nebst etlichen Beylagen und einer Vorrede. Halle 1701. Vgl. *Opel,* Julius Otto.

— De Judicio seu Censura Morum. Dissertation, Halle 1702. Druck: 1723.

— Fundamenta Juris Naturae et gentium ex sensu communi deducta ... Halle und Leipzig 1705.
Ins Deutsche übersetzt von Johann Gottfried Zeidler unter dem Titel: Grund-Lehren des Natur- und Völcker-Rechts, nach dem sinnlichen Begriff aller Menschen vorgestellet ... Halle 1709.
Neudruck der 4. Auflage des lateinischen Textes (Halle 1718) ‚Fundamenta juris naturae et gentium'. Aalen 1963.

— De officio Principis Evangelici circa augenda Salaria et honores Ministrorum Ecclesiae. Dissertation, Halle 1707. Drucke: 1729 und 1749.
Deutsch unter dem Titel: Von der Pflicht eines Evangelischen Fürsten, die Besoldung und Ehren-Stellen der Kirchen-Diener zu vermehren. In: *Opel,* Julius Otto (Hg.): Christian Thomas. Kleine deutsche Schriften. Halle 1894.

— Paulo plenior historia juris naturalis. Halle 1719. Zitiert: Historia.

— Historia contentionis inter imperium et sacerdotium breviter delineata usque ad seculum XVI ... Halle 1722.

— Orationes academicae. Halle 1723.

— Ernsthaffte, aber doch Muntere und Vernünfftige Thomasische Gedancken und Erinnerungen über allerhand auserlesene Juristische Händel. Erster Theil, 2. Aufl. Halle 1723; zweyter Theil, 2. Aufl. Halle 1724; dritter Theil, Halle 1721; vierdter Theil, Halle 1721.

— Programmata Thomasiana, et alia scripta similia breviora coniunctim edita, cum notis hinc inde de novo adiectis. Halle und Leipzig 1724.

— Dissertationes academicae varii inprimis juridici argumenti. Herausgegeben von Johann Ludwig Uhl, Tom. 1—4. Halle 1773 bis 1780.

Treitschke, Heinrich von: Politik. Vorlesungen gehalten an der Universität zu Berlin. 2 Bde. Herausgegeben von Max Cornicelius. 1., 3. Aufl. Leipzig 1913.

Volz, Gustav Berthold (Hg.): Die Werke Friedrichs des Großen in deutscher Übersetzung. 8. Bd. Philosophische Schriften. Berlin 1913.

Warnkönig, Leopold August: Rechtsphilosophie als Naturlehre des Rechts. Freiburg 1839.

Weber, Hellmuth von: Zur Geschichte der Analogie im Strafrecht. In: Zeitschrift für die gesamte Strafrechtswissenschaft, 56. (1937). S. 653 ff.

Welzel, Hans: Die Naturrechtslehre Samuel Pufendorfs. Berlin 1958.

— Das deutsche Strafrecht. Eine systematische Darstellung. 8. Aufl. Berlin 1963.

Wieacker, Franz: Privatrechtsgeschichte der Neuzeit. Göttingen 1952. 2. Aufl. Göttingen 1967.

Wolf, Erik: Große Rechtsdenker der deutschen Geistesgeschichte. 3. Aufl. Tübingen 1951. 4. Aufl. Tübingen 1963.

— Das Problem der Naturrechtslehre. Versuch einer Orientierung. 3. Aufl. Karlsruhe 1964.

Wolff, Christian: (Metaphysik =) Vernünfftige Gedancken von Gott, der Welt und der Seele des Menschen, auch allen Dingen überhaupt. Halle 1720. 2. Aufl. Halle 1722.

— (Moral =) Vernünfftige Gedancken von der Menschen Thun und Lassen, zu Beförderung ihrer Glückseeligkeit, den Liebhabern der Wahrheit mitgetheilet. Halle 1720; 2. Aufl. Halle 1722; 5. Aufl. Frankfurt und Leipzig 1736.

— (Ontologia =) Philosophia prima, sive Ontologia, methodo scientifica pertractata ... Frankfurt und Leipzig 1730.
Neudruck der Auflage von 1736 in: Christian Wolff. Gesammelte Werke. 2. Abteilung: Lateinische Schriften. 3. Hildesheim 1962. (Herausgegeben von Jean Ecole und H. W. Arndt.)

— Psychologia empirica methodo scientifica pertractata, ... Frankfurt und Leipzig 1732.

— (Politik =) Vernünfftige Gedancken von dem Gesellschafftlichen Leben der Menschen und insonderheit dem gemeinen Wesen zu Beförderung der Glückseeligkeit des menschlichen Geschlechtes den Liebhabern der Wahrheit mitgetheilet... 3. Aufl. Frankfurt und Leipzig 1732.

— Theologia naturalis methodo scientifica pertractata. 2 Teile. Frankfurt und Leipzig 1736/37.

— Philosophia practica universalis, methodo scientifica pertractata. 1. Teil, Frankfurt und Leipzig 1738; 2. Teil, Frankfurt und Leipzig 1739. 2. Aufl.: 1. Teil, Halle 1744; 2. Teil, Halle 1750.

— Jus Naturae methodo scientifica pertractatum. 1. Teil, Frankfurt und Leipzig 1740; 2. bis 8. Teil, Halle 1742—1748.

— Jus gentium methodo scientifica pertractatum... Halle 1749.

— Institutiones Juris naturae et Gentium, in quibus ex ipsa hominis natura continuo nexu omnes obligationes et jura omnia deducuntur. Halle 1750.

— Grundsätze des Natur- und Völkerrechts... aus dem Lateinischen übersetzt. Halle 1754.

Zahn, Karl von: Karl Ferdinand Hommel als Strafrechtsphilosoph und Strafrechtslehrer. Ein Beitrag zur Geschichte der strafpolitischen Aufklärung in Deutschland. Leipzig 1911.

Zoepfl, Heinrich (Hg.): Die Peinliche Gerichtsordnung Kaiser Karl's V. nebst der Bamberger und der Brandenburger Halsgerichtsordnung sämmtlich nach den ältesten Drucken und mit den Projekten der peinlichen Gerichtsordnung Kaiser Karl's V. von den Jahren 1521 und 1529. 2. Aufl. Leipzig und Heidelberg 1876.